ce livre appartient à

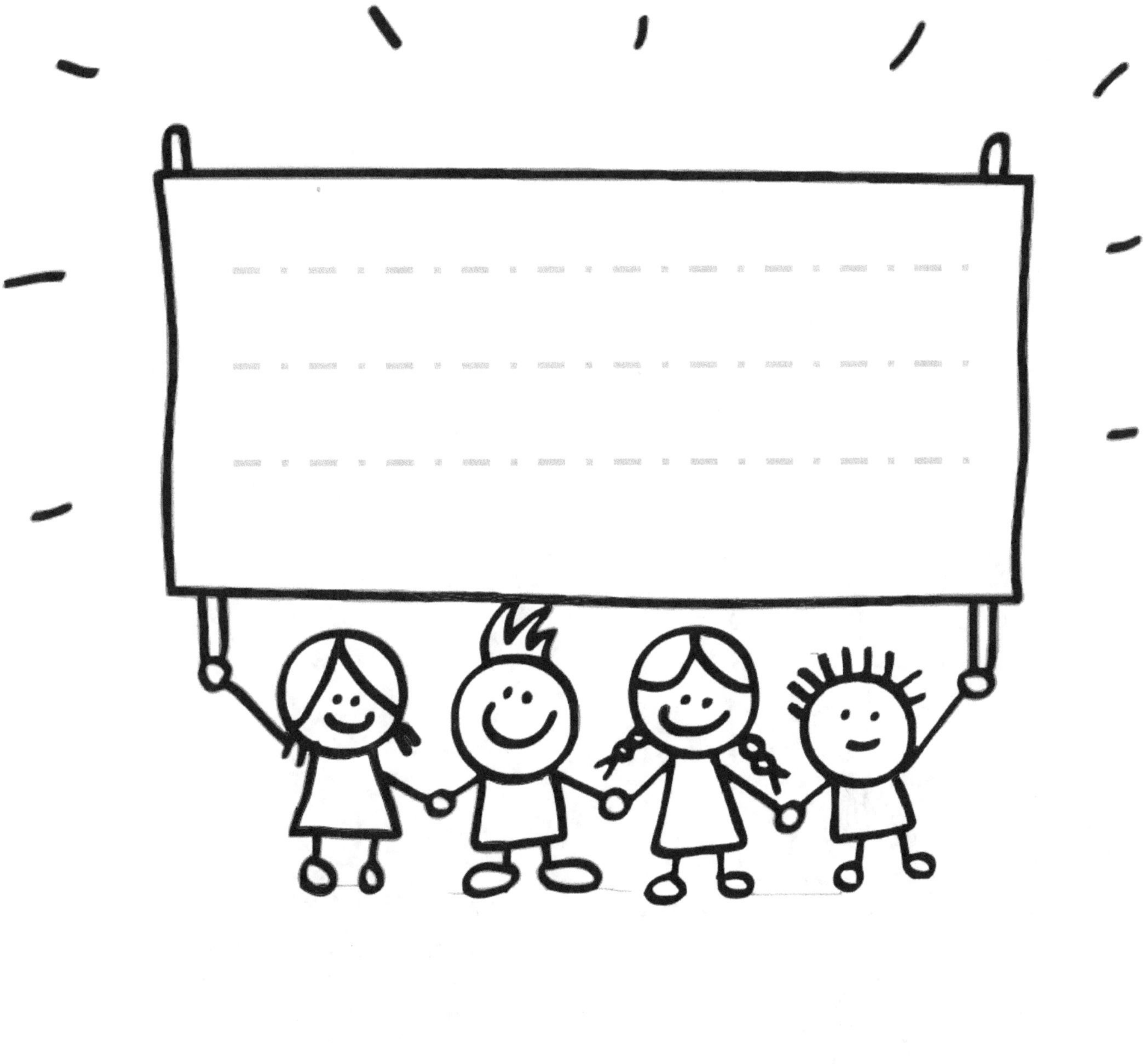

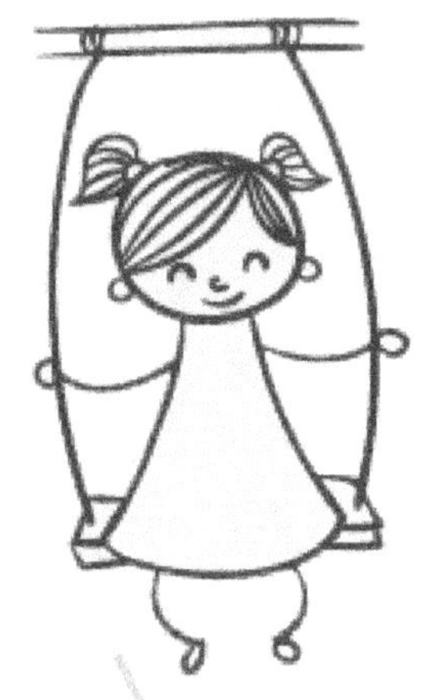

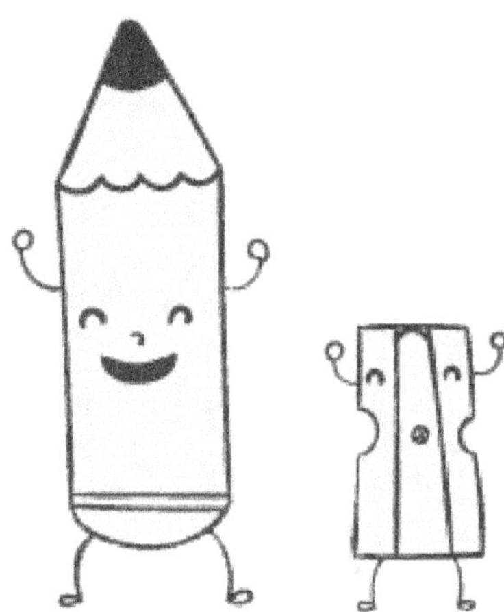

l'Anatomie

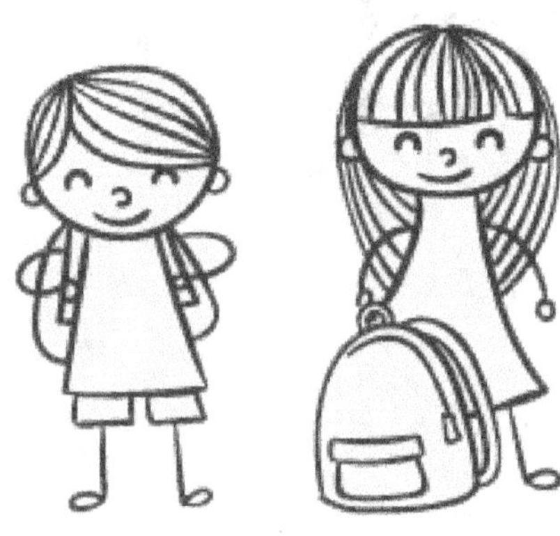

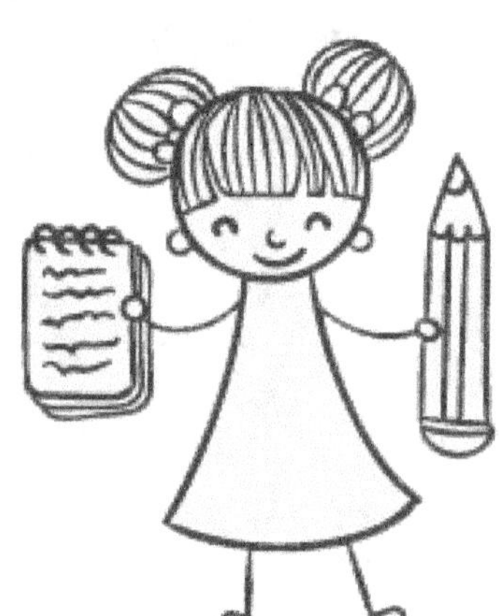

Cœur

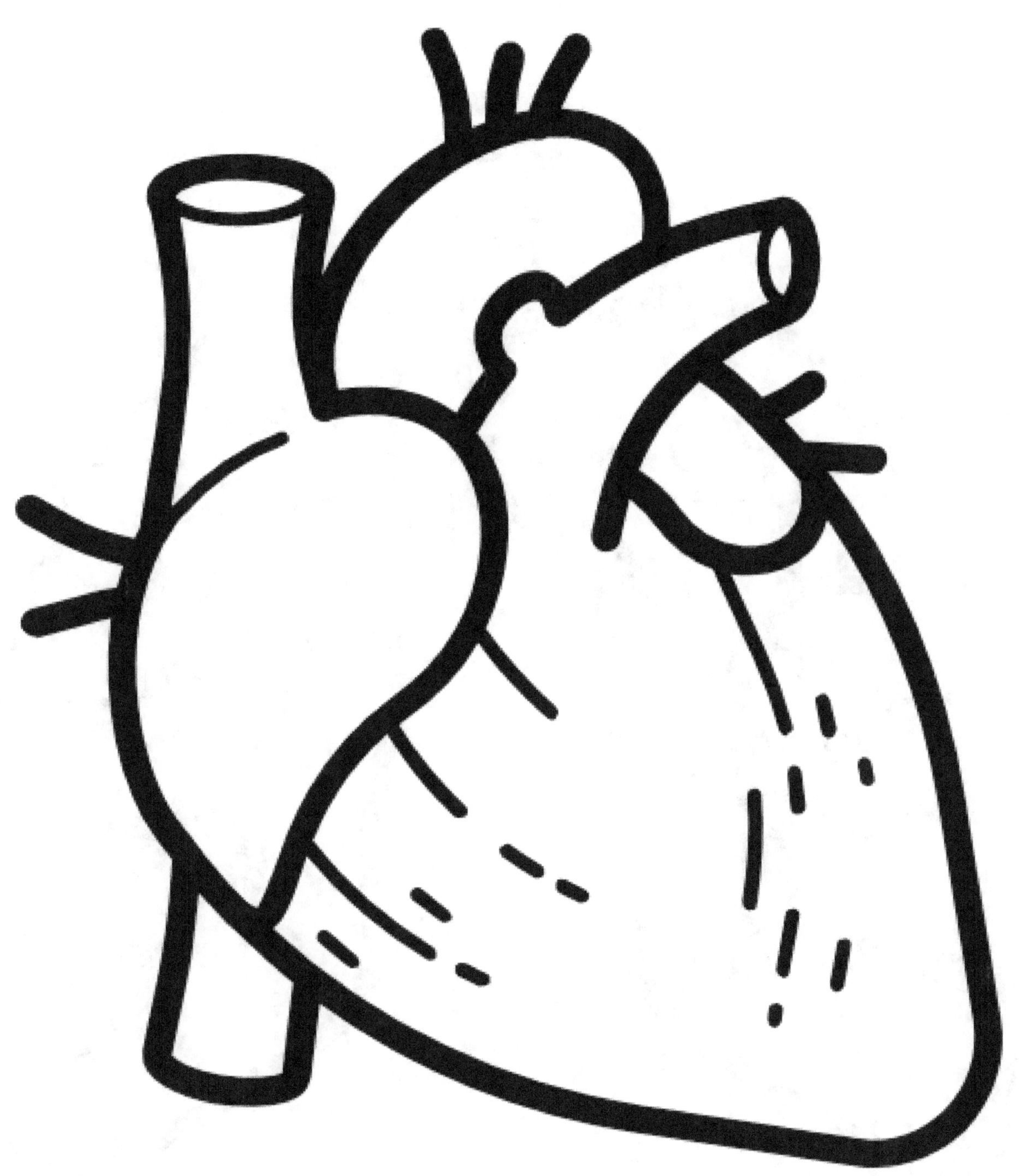

Poumons

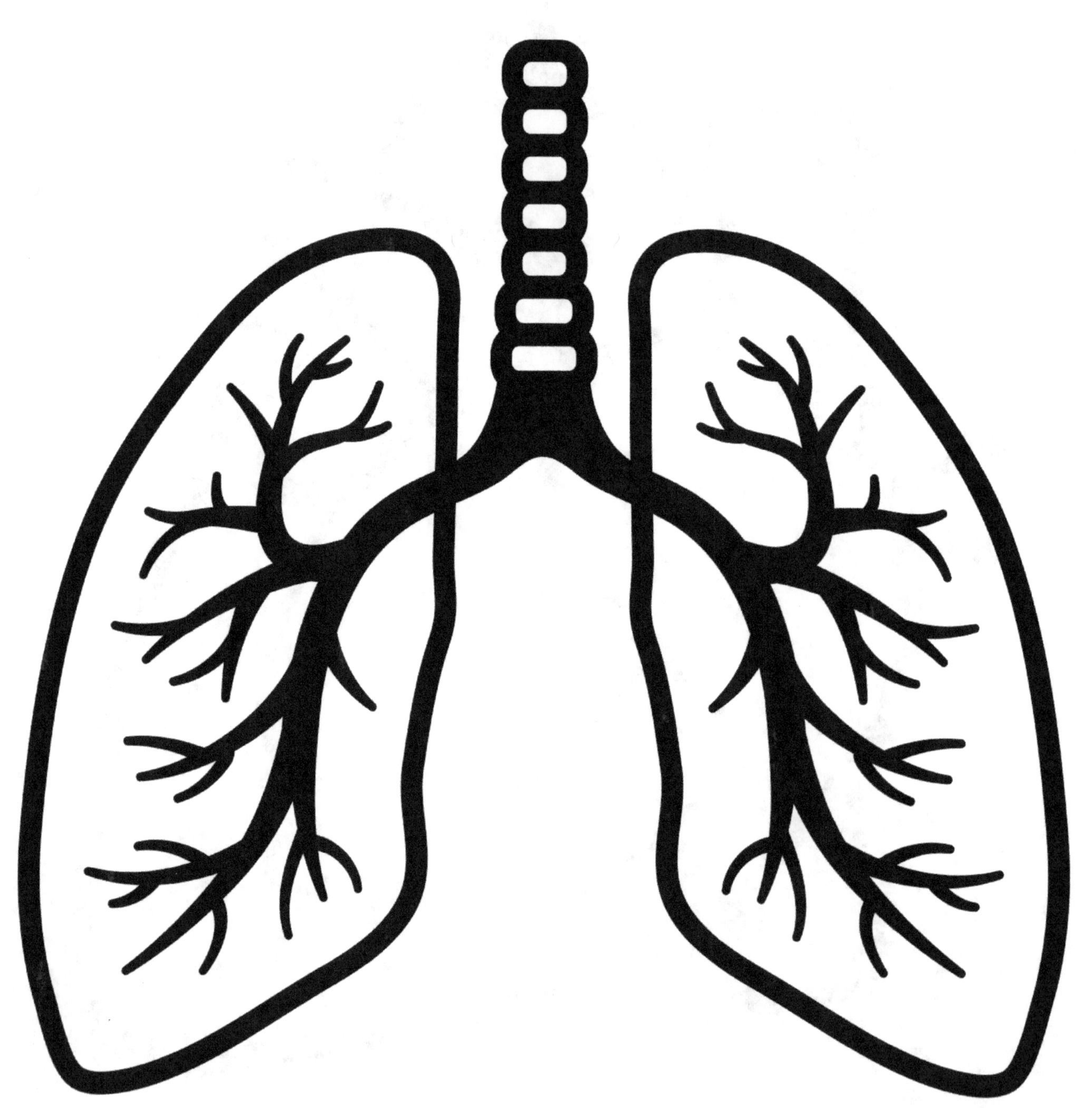

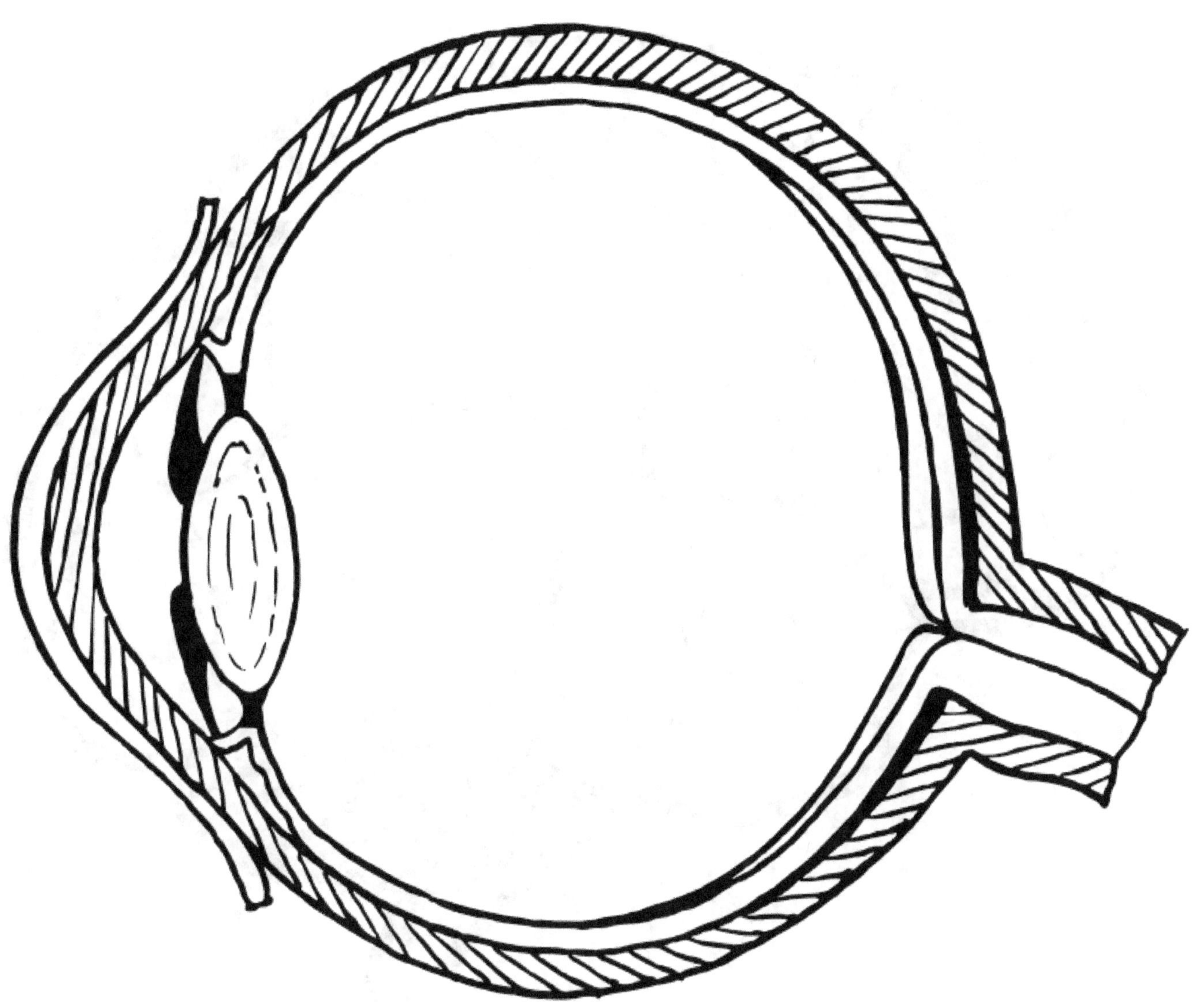

Cerveau

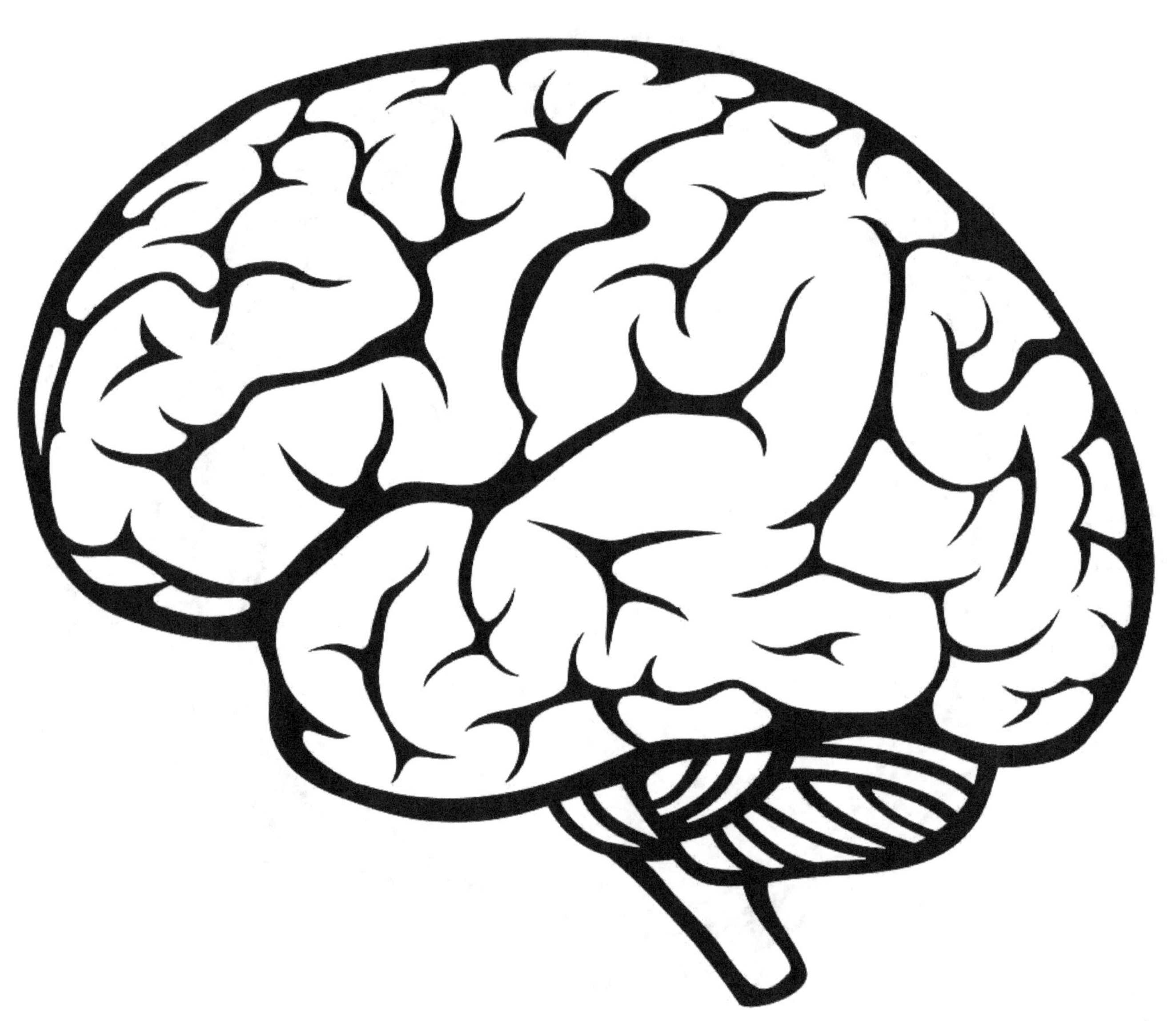

Cage thoracique

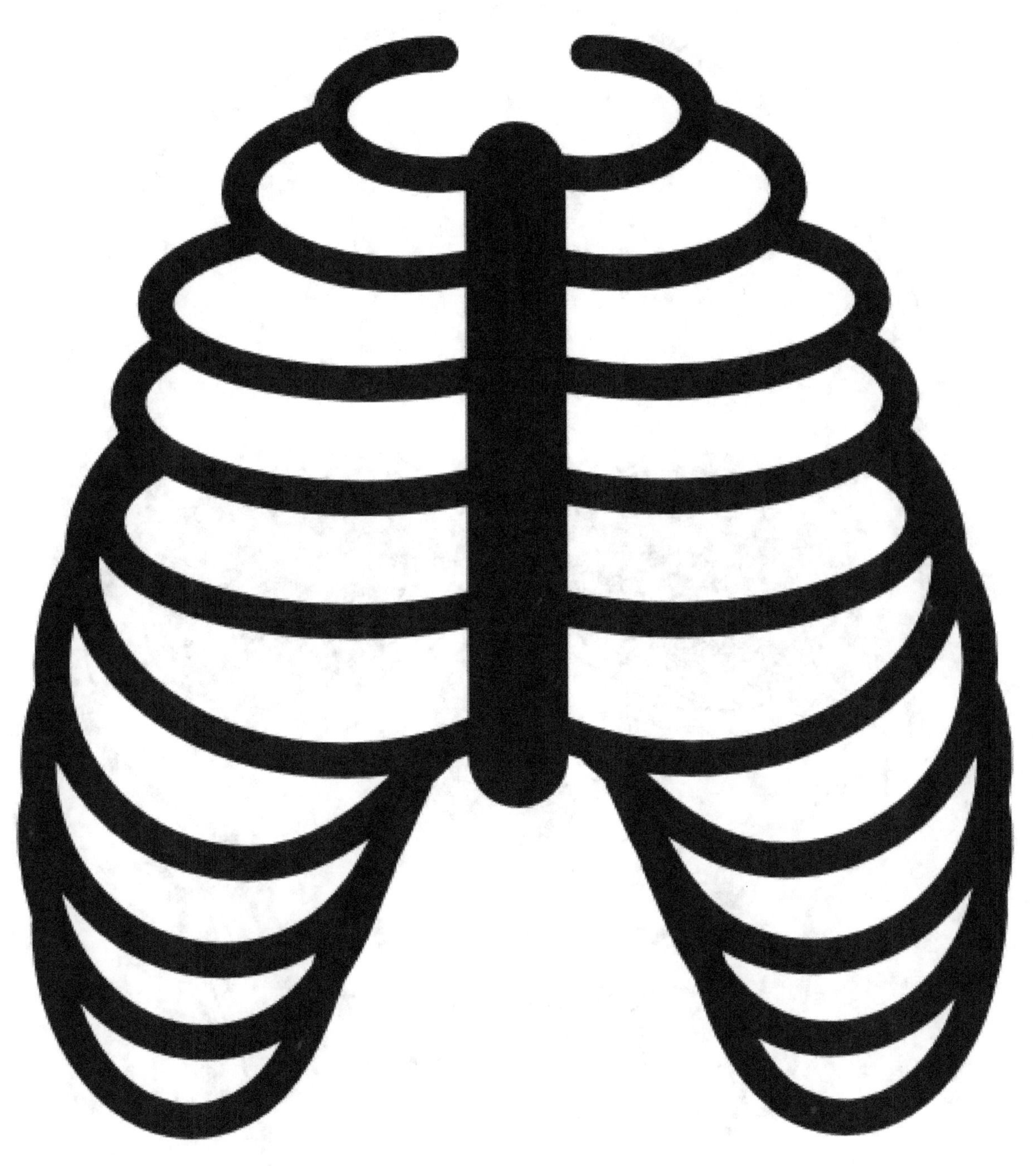

Crâne

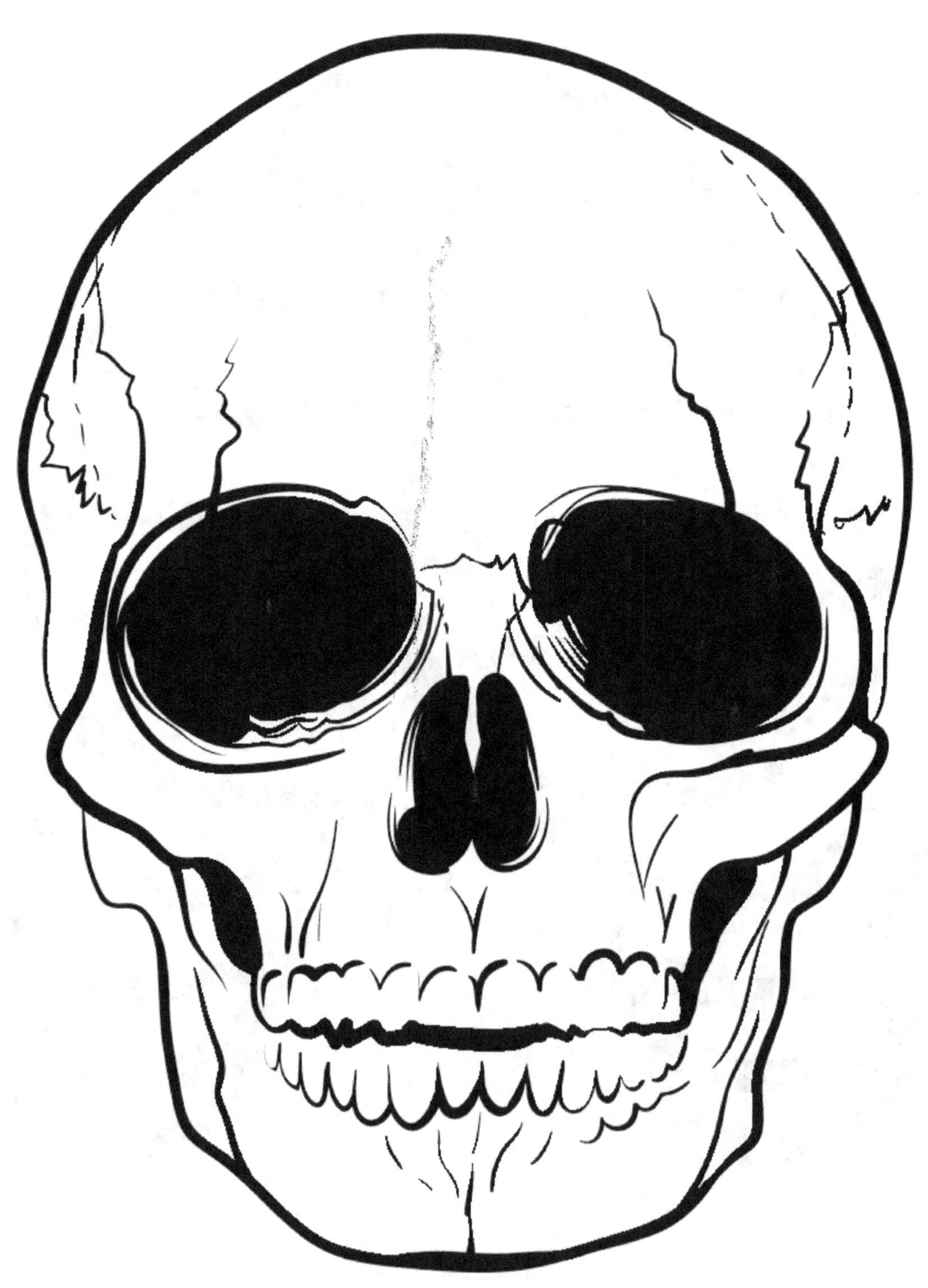

Coccyx

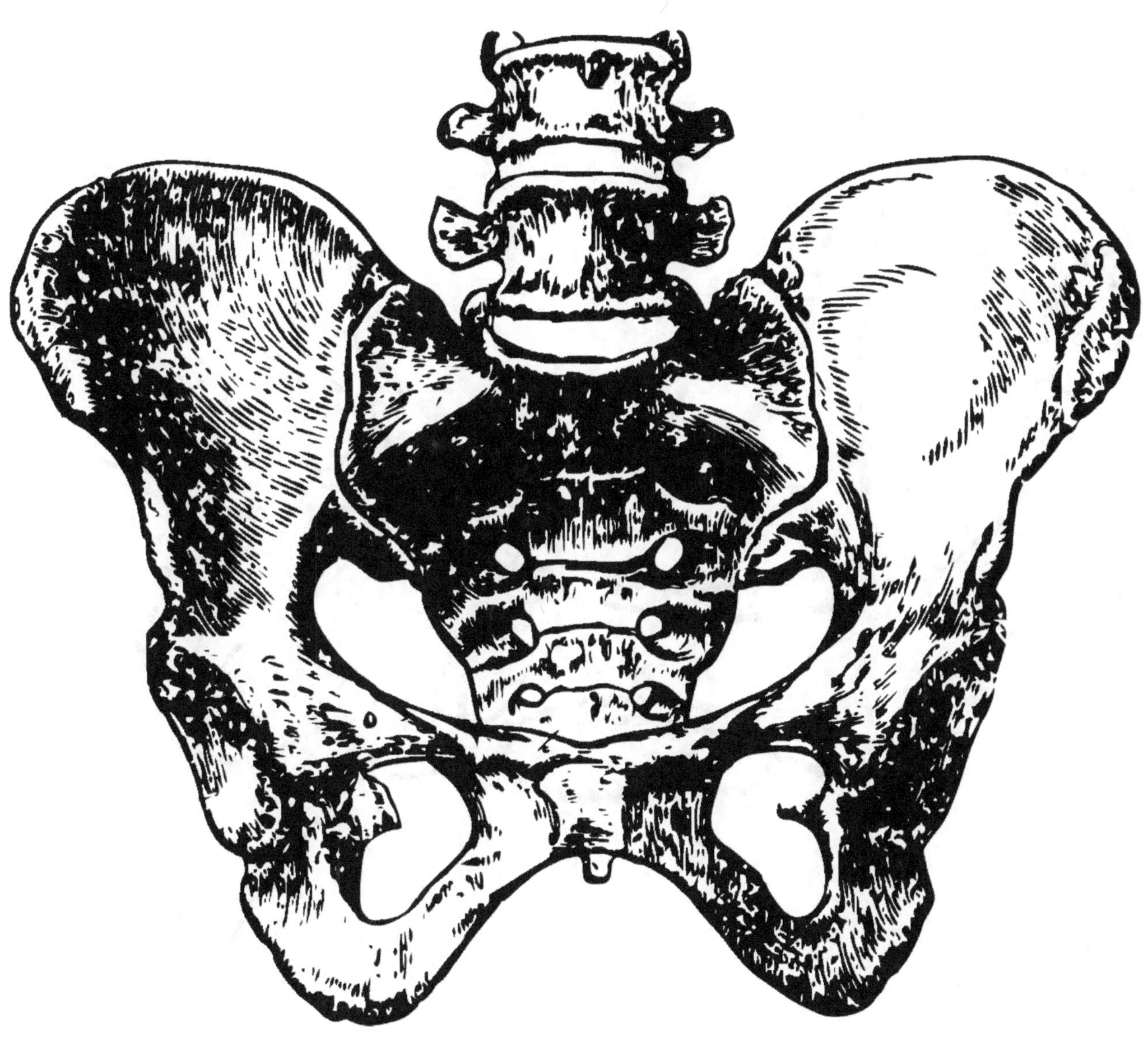

L'oreille interne

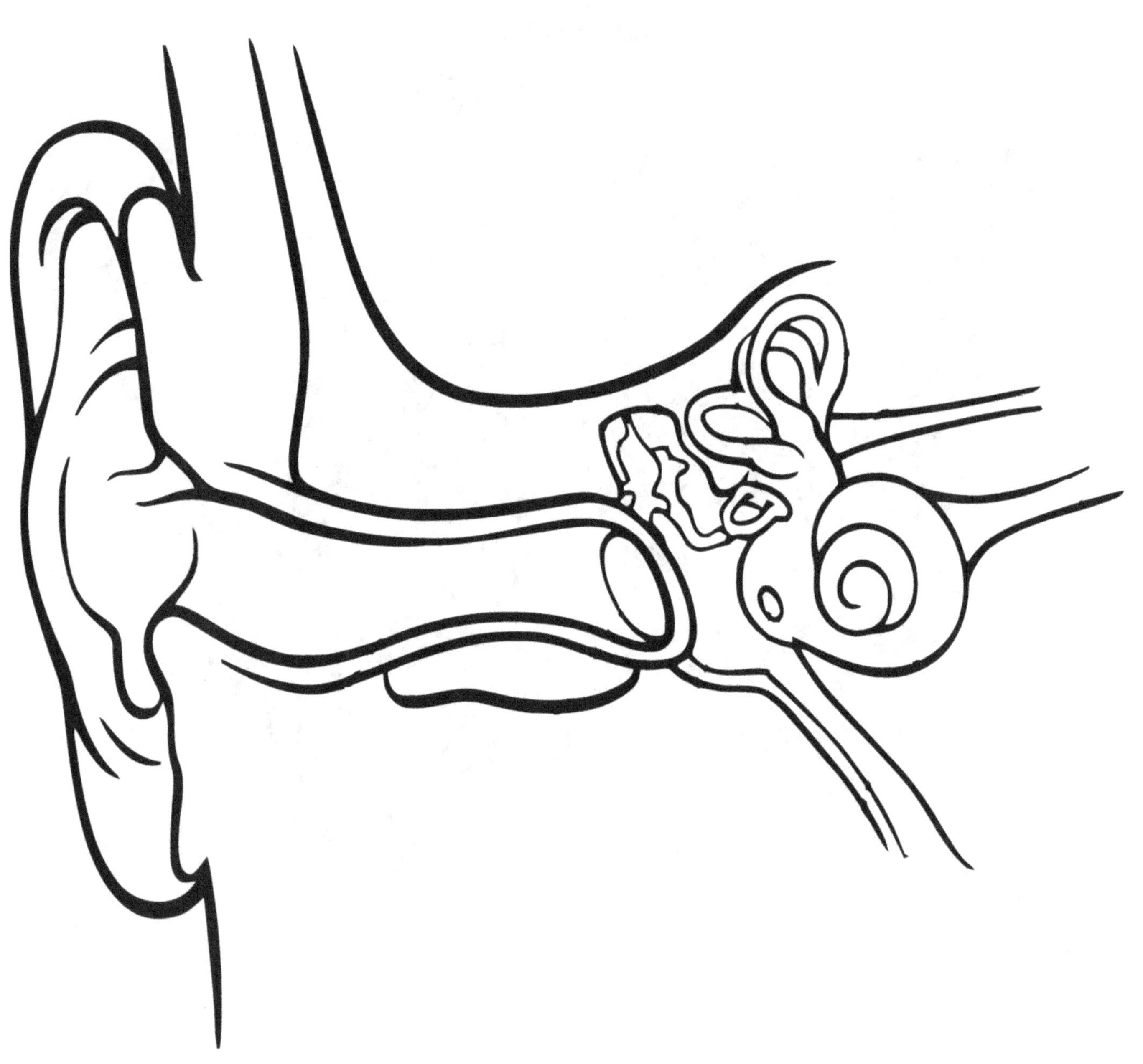

rein

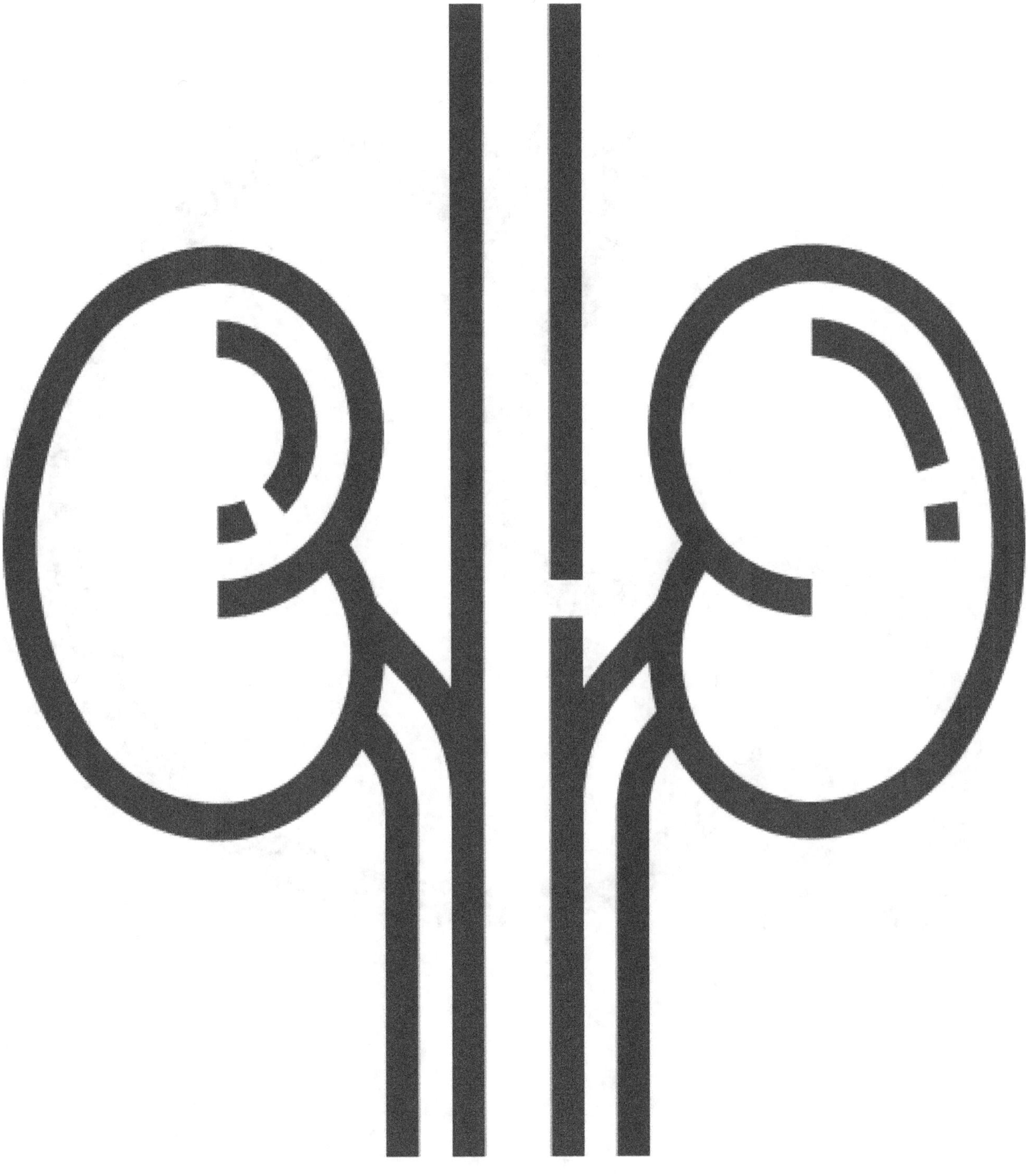

Estomac

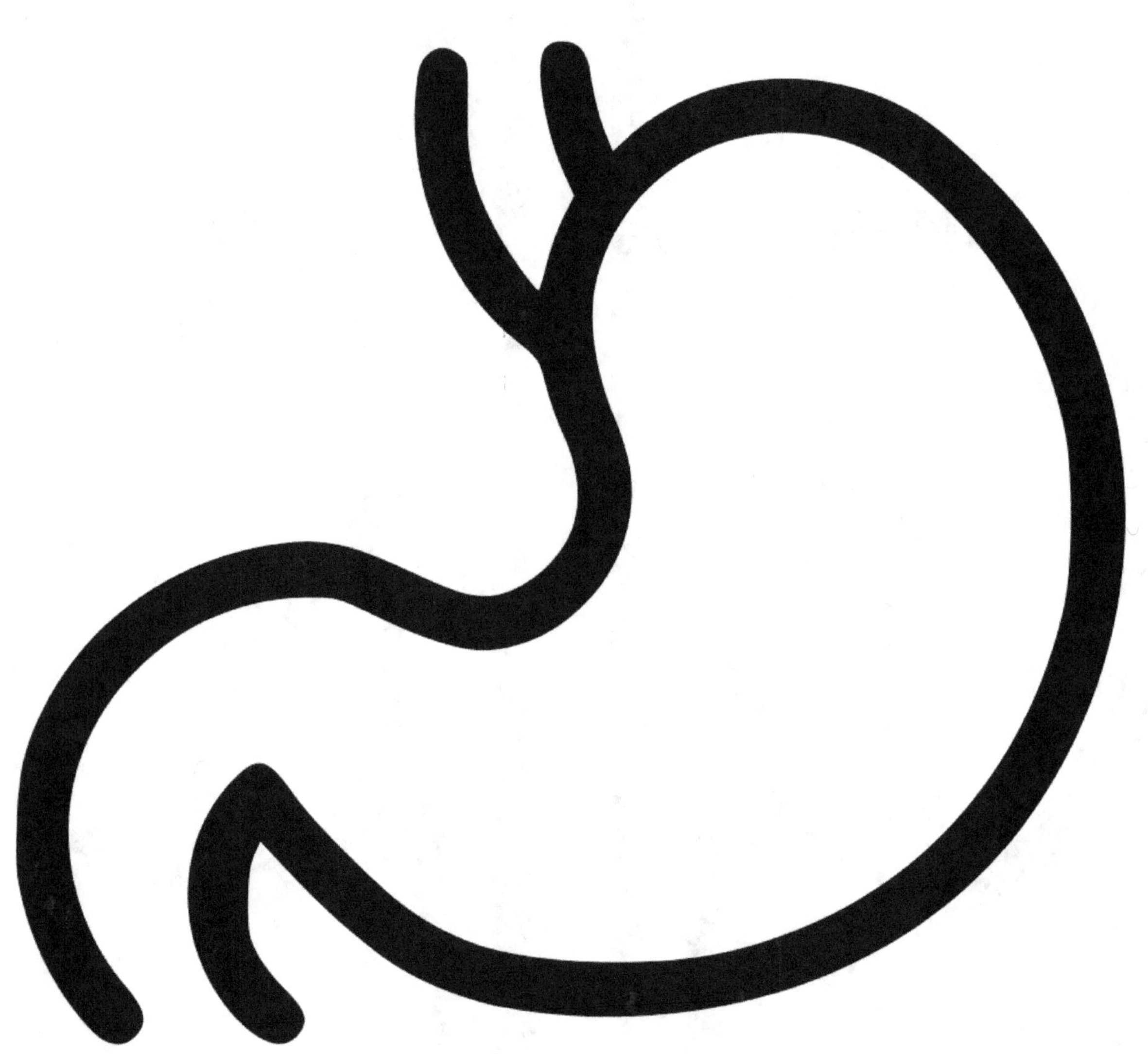

Gros intestin

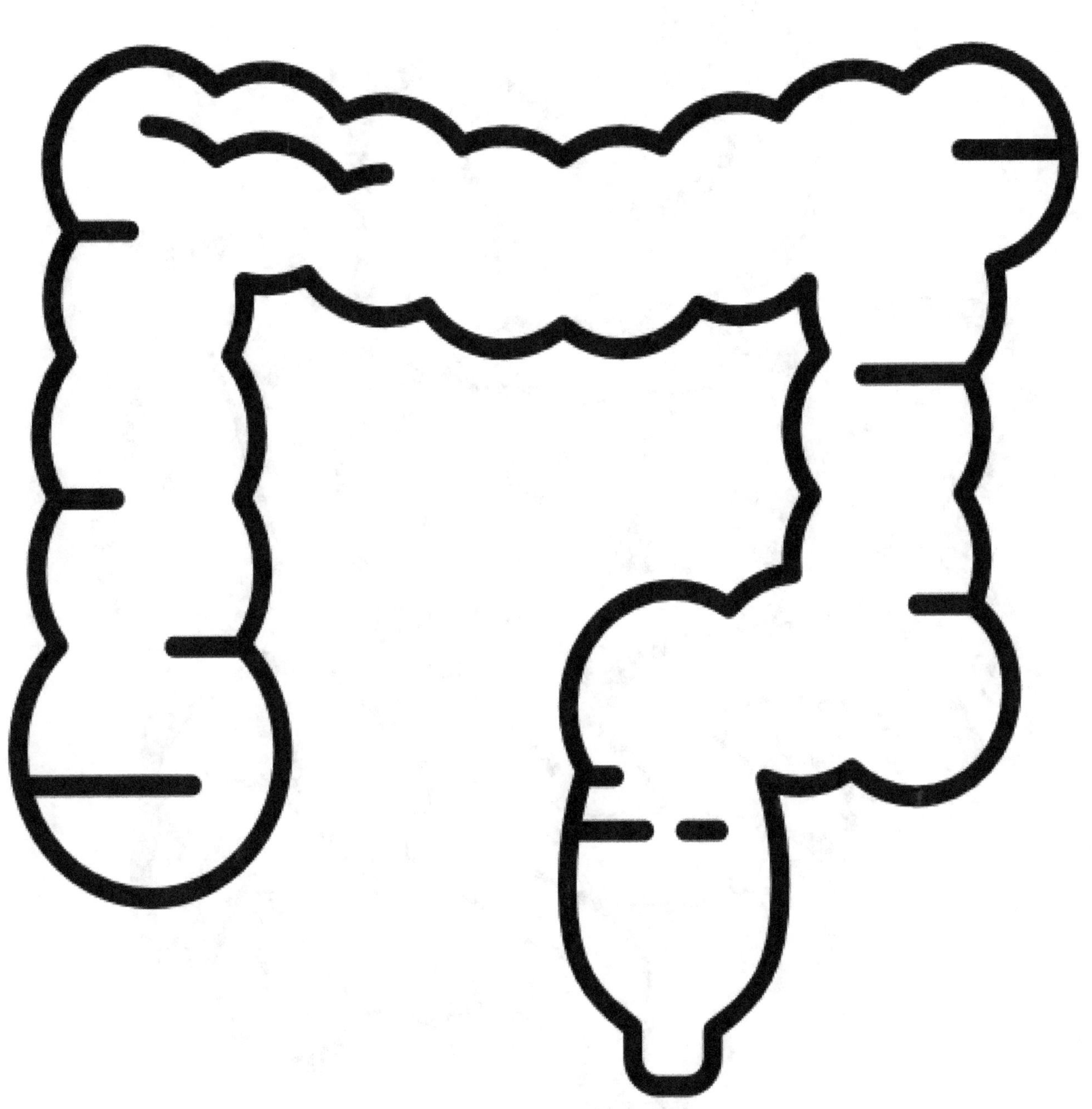

Intestin grêle

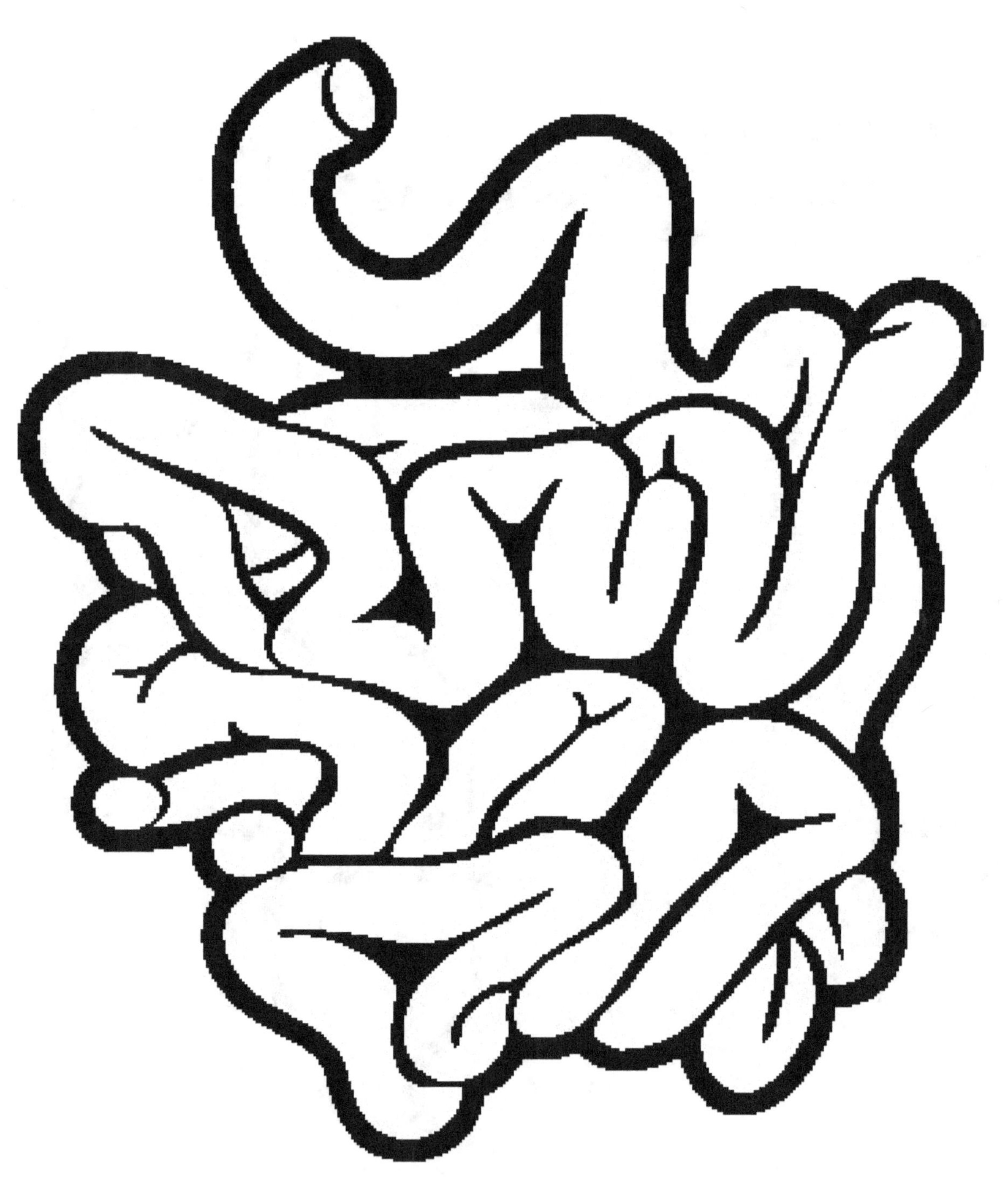

Utérus

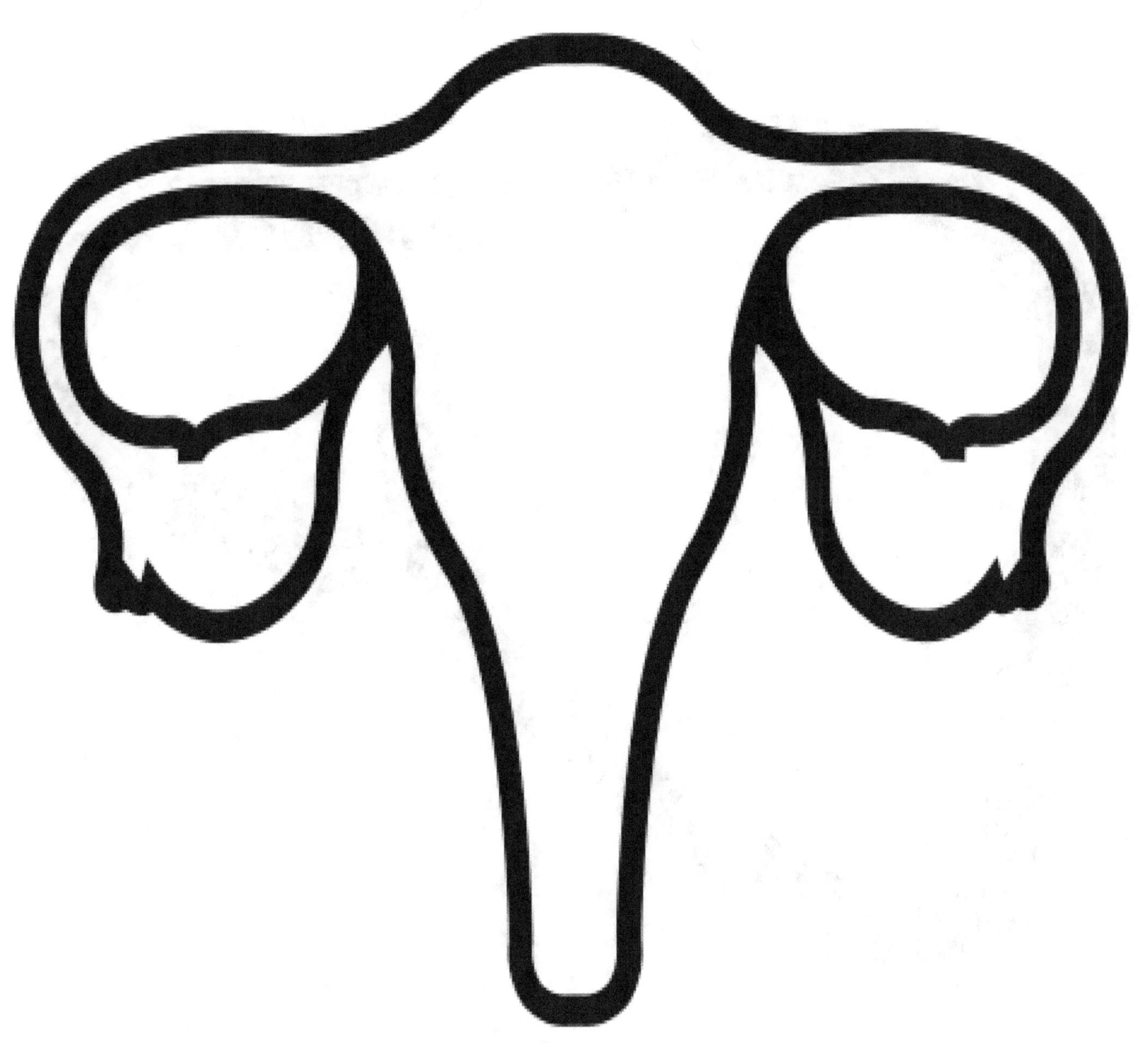

Foie

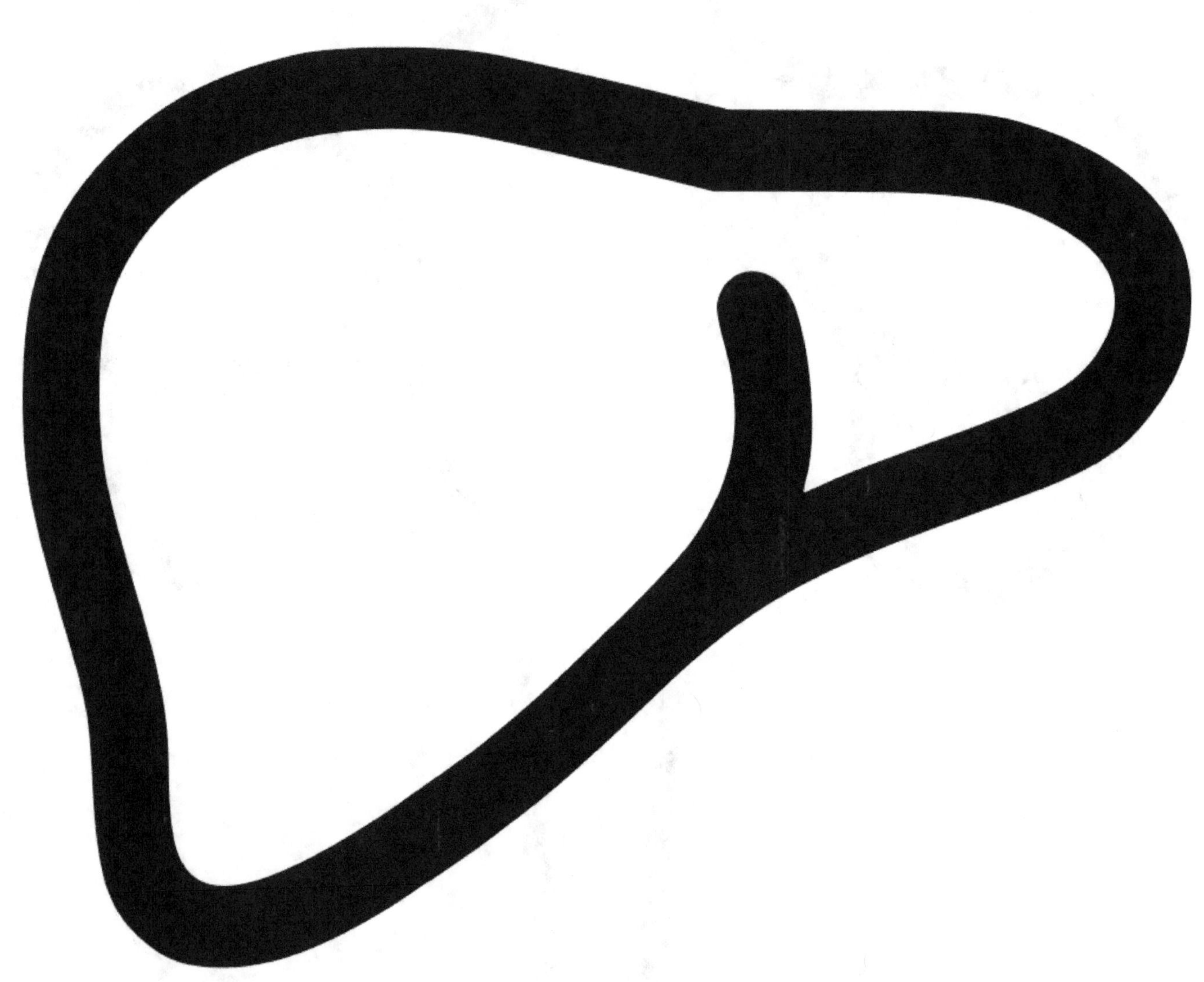

Dent

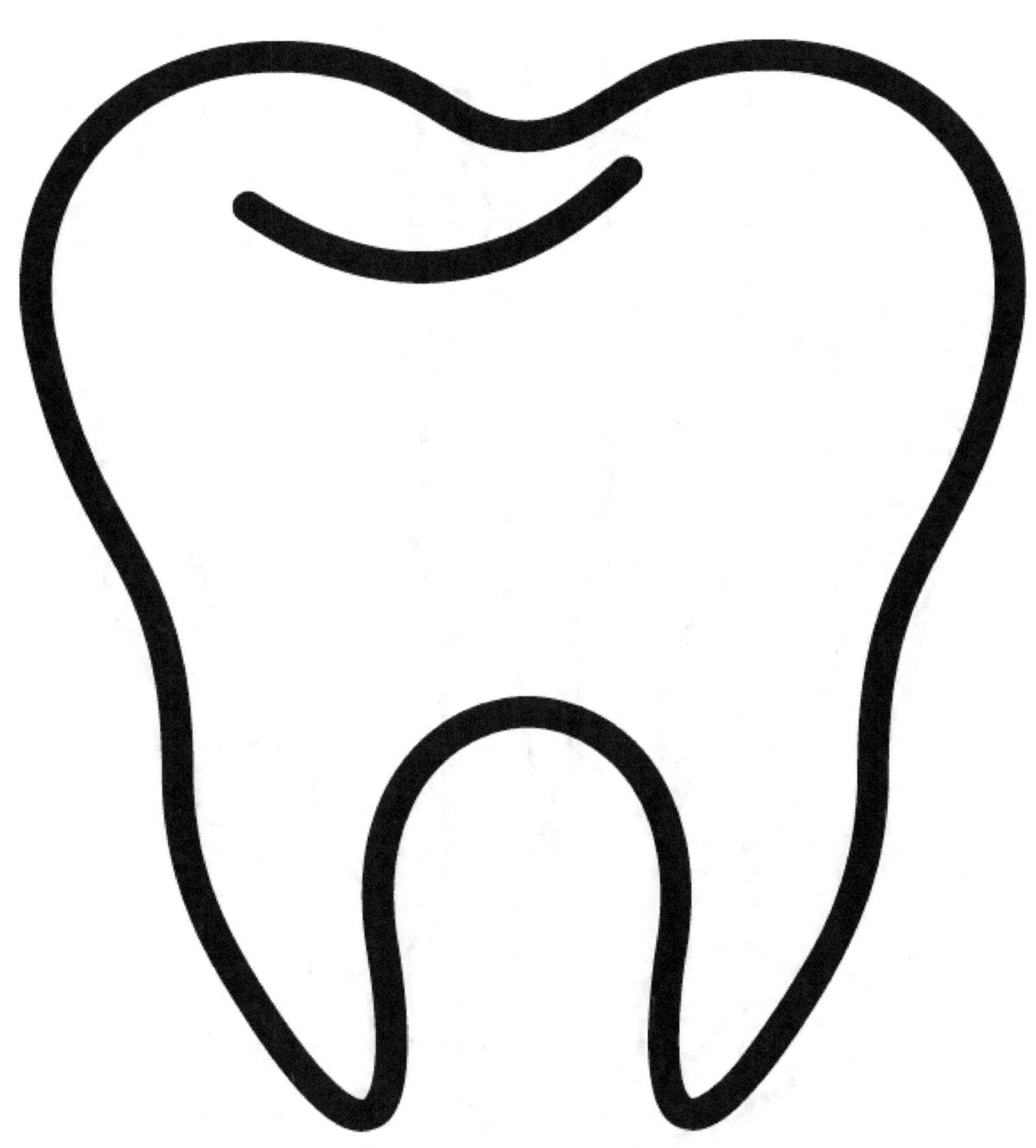

Squelette de la Maine

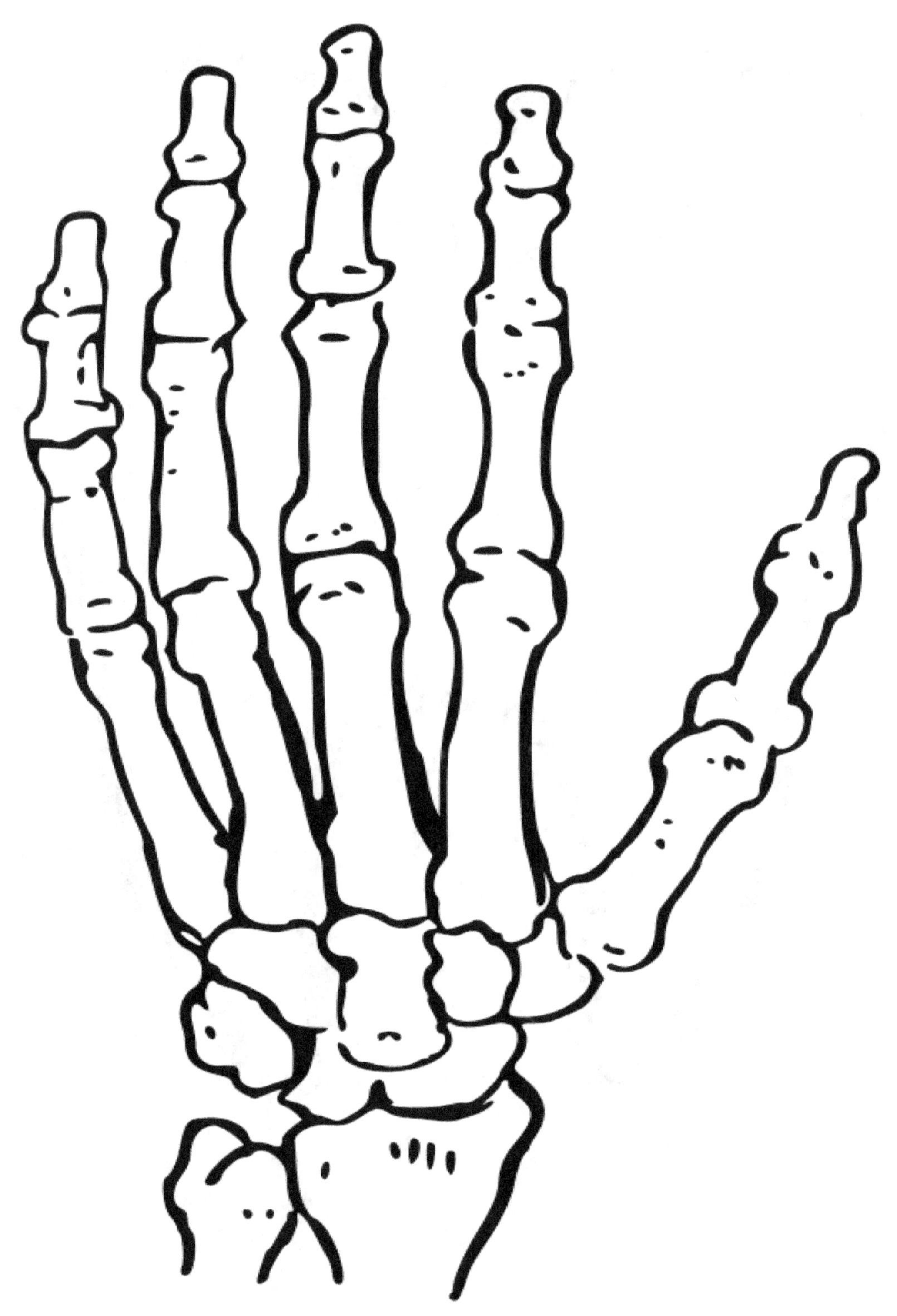

Os du pied

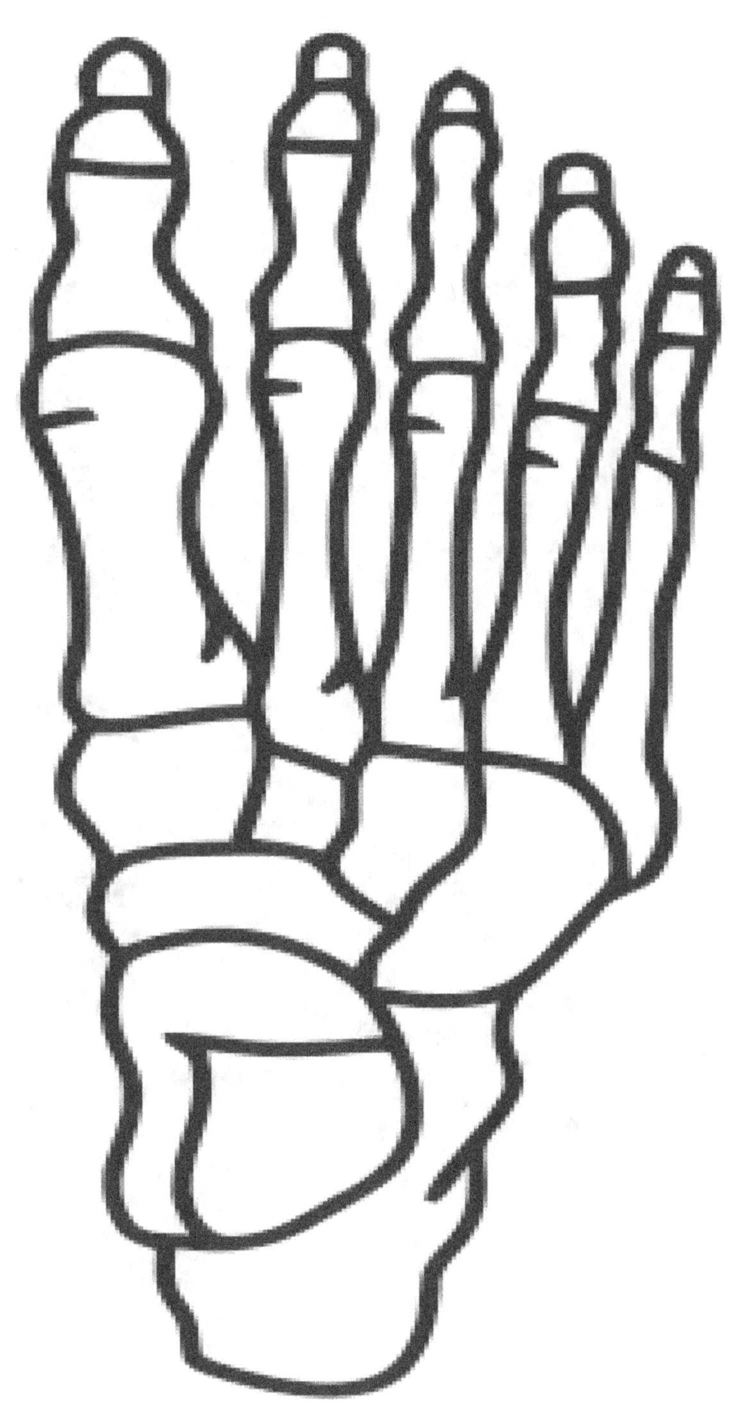

Pied

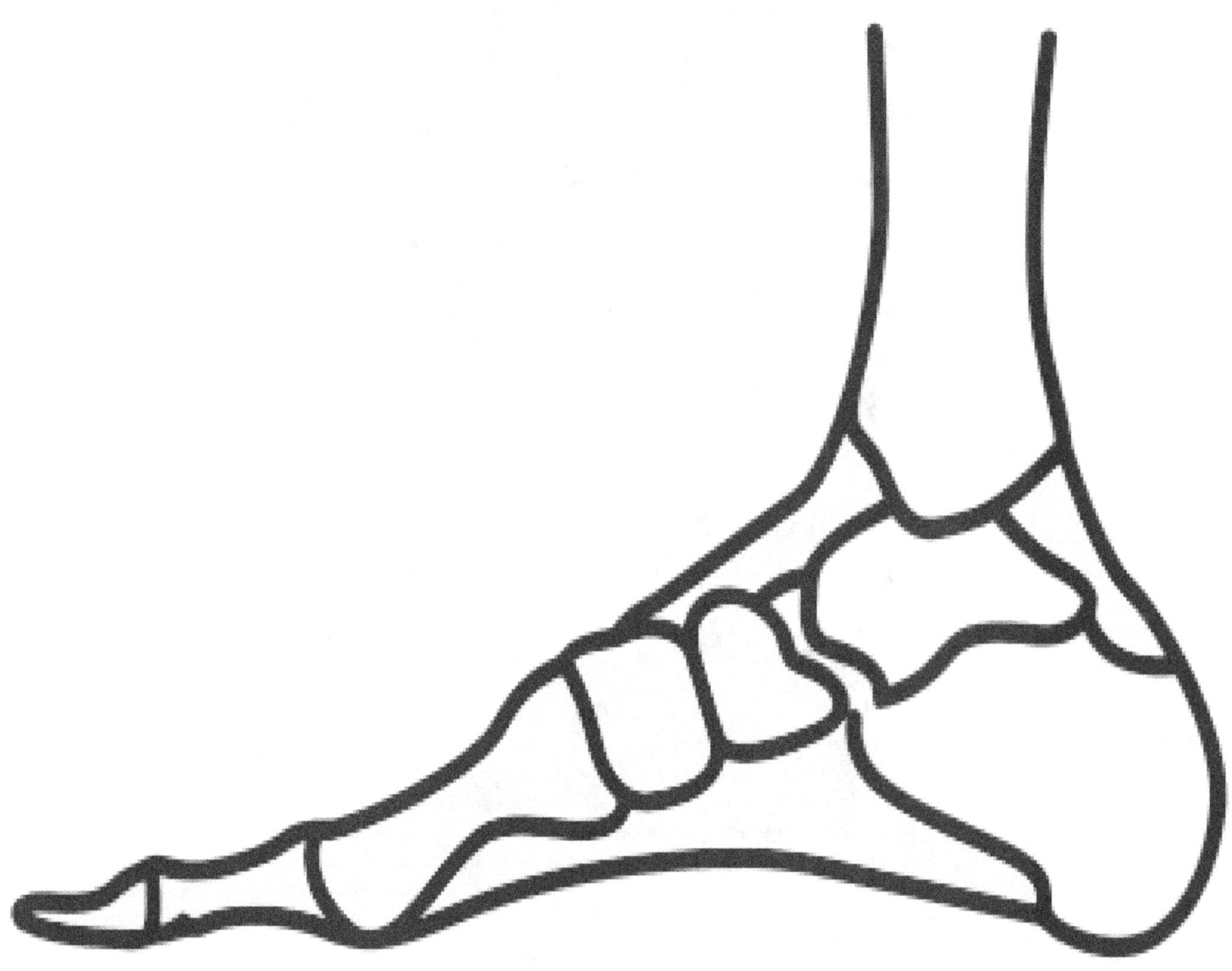

Colonne vertébral

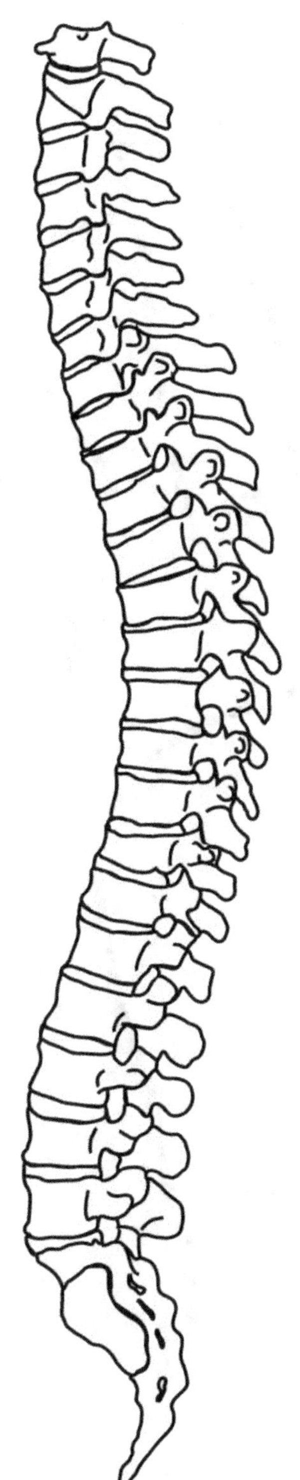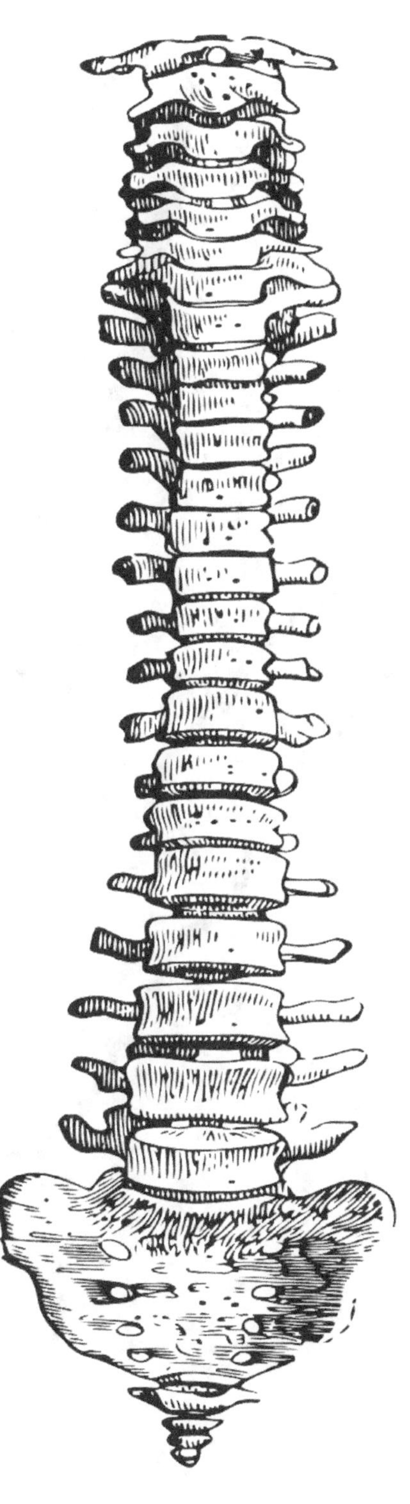

Mains

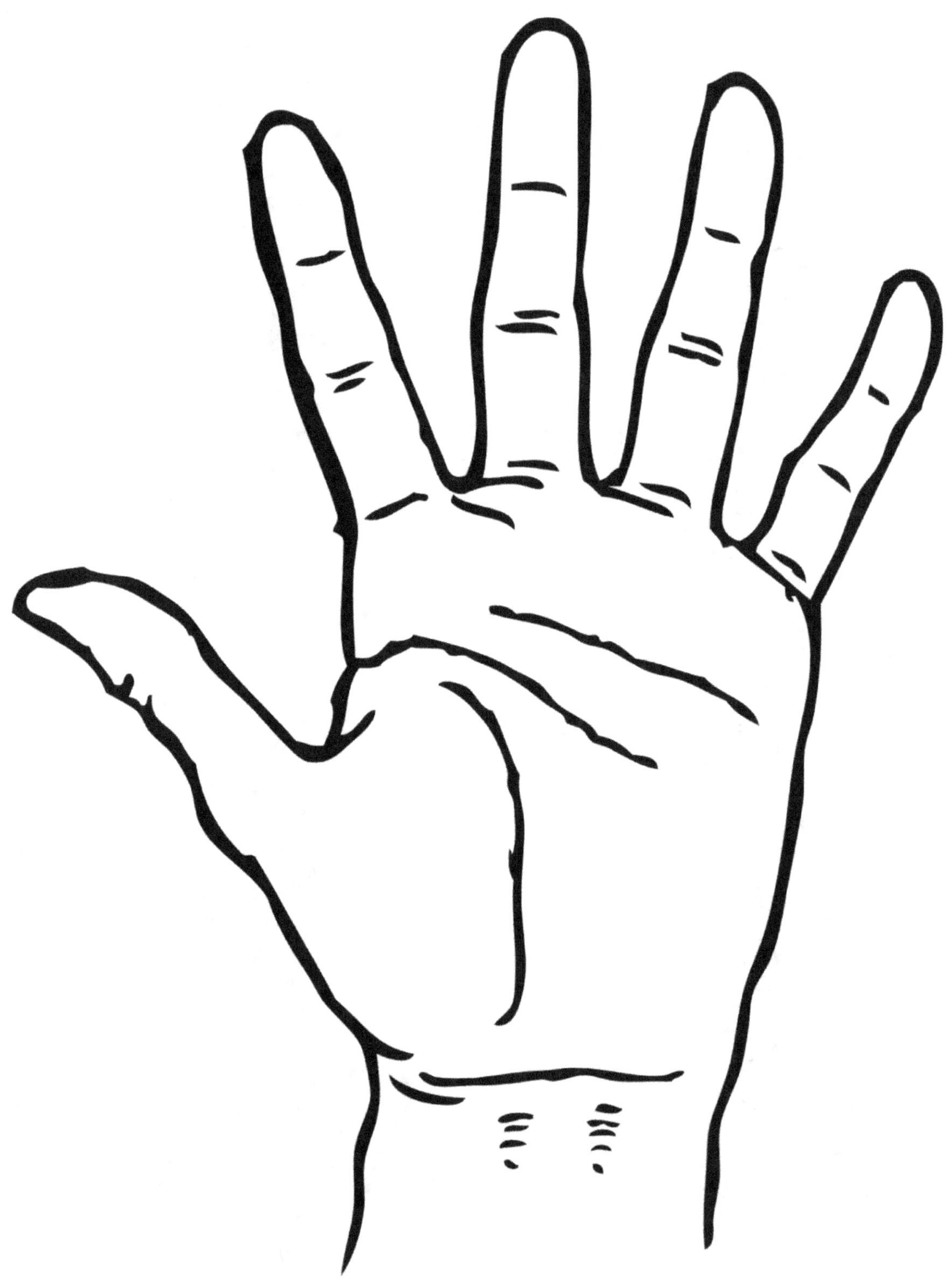

Squelette humain

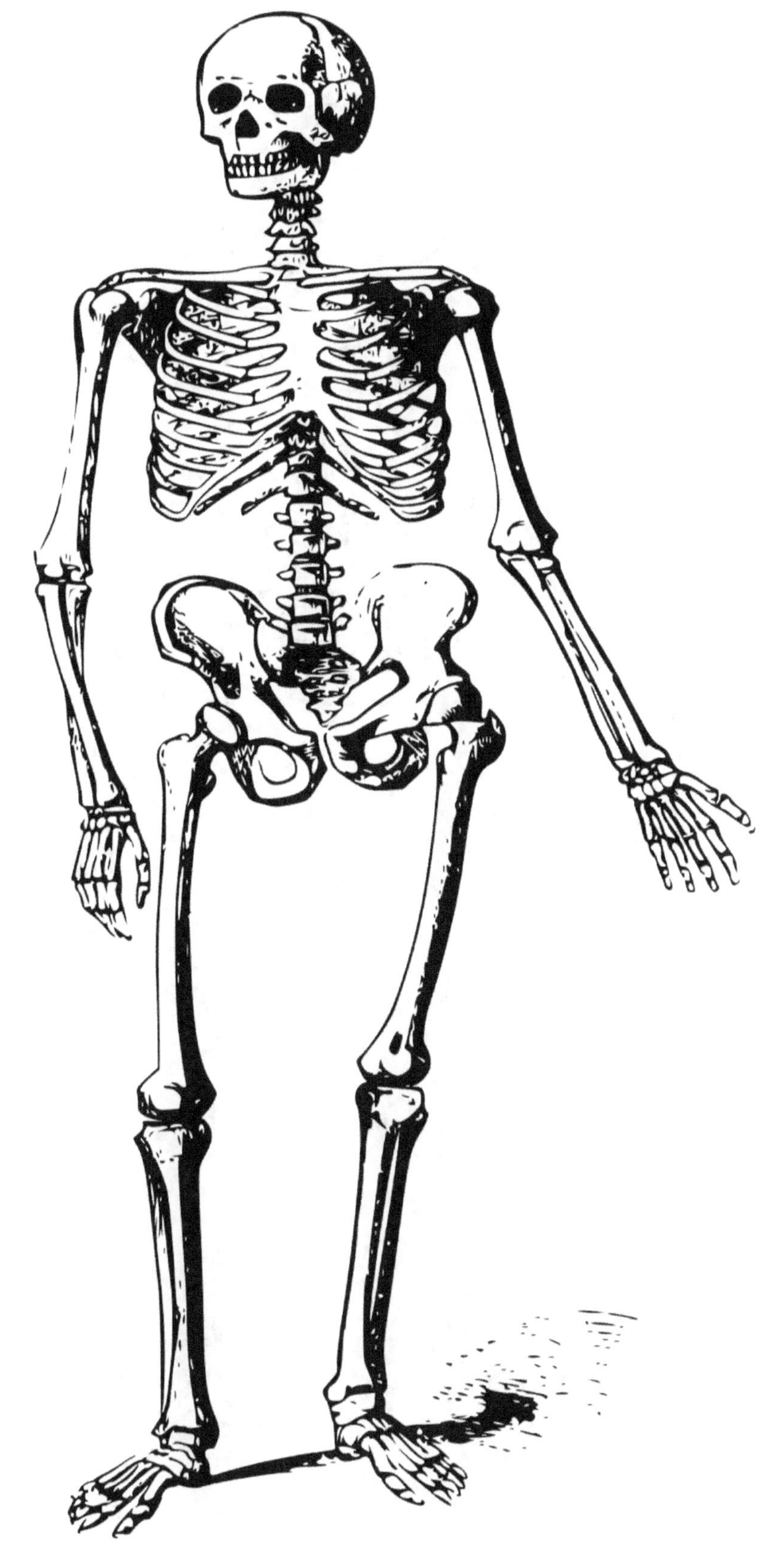

Squelette humain

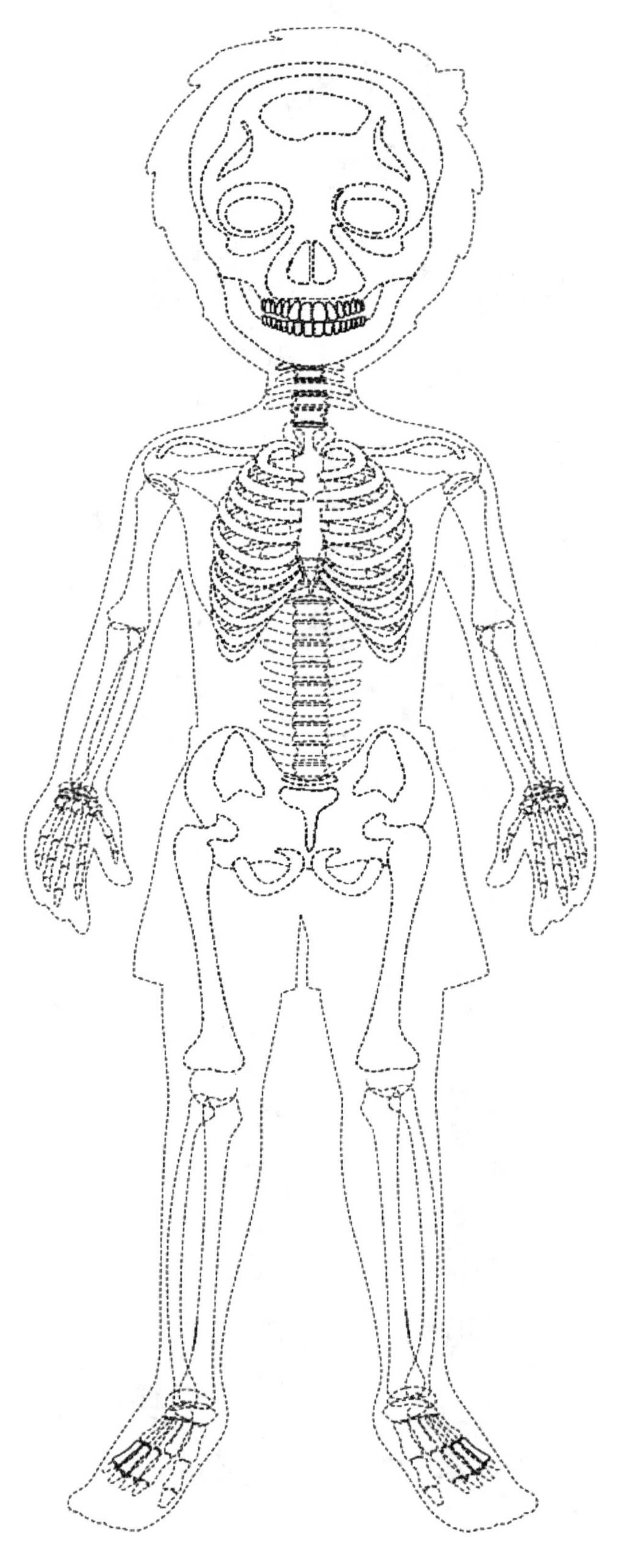

Os humain

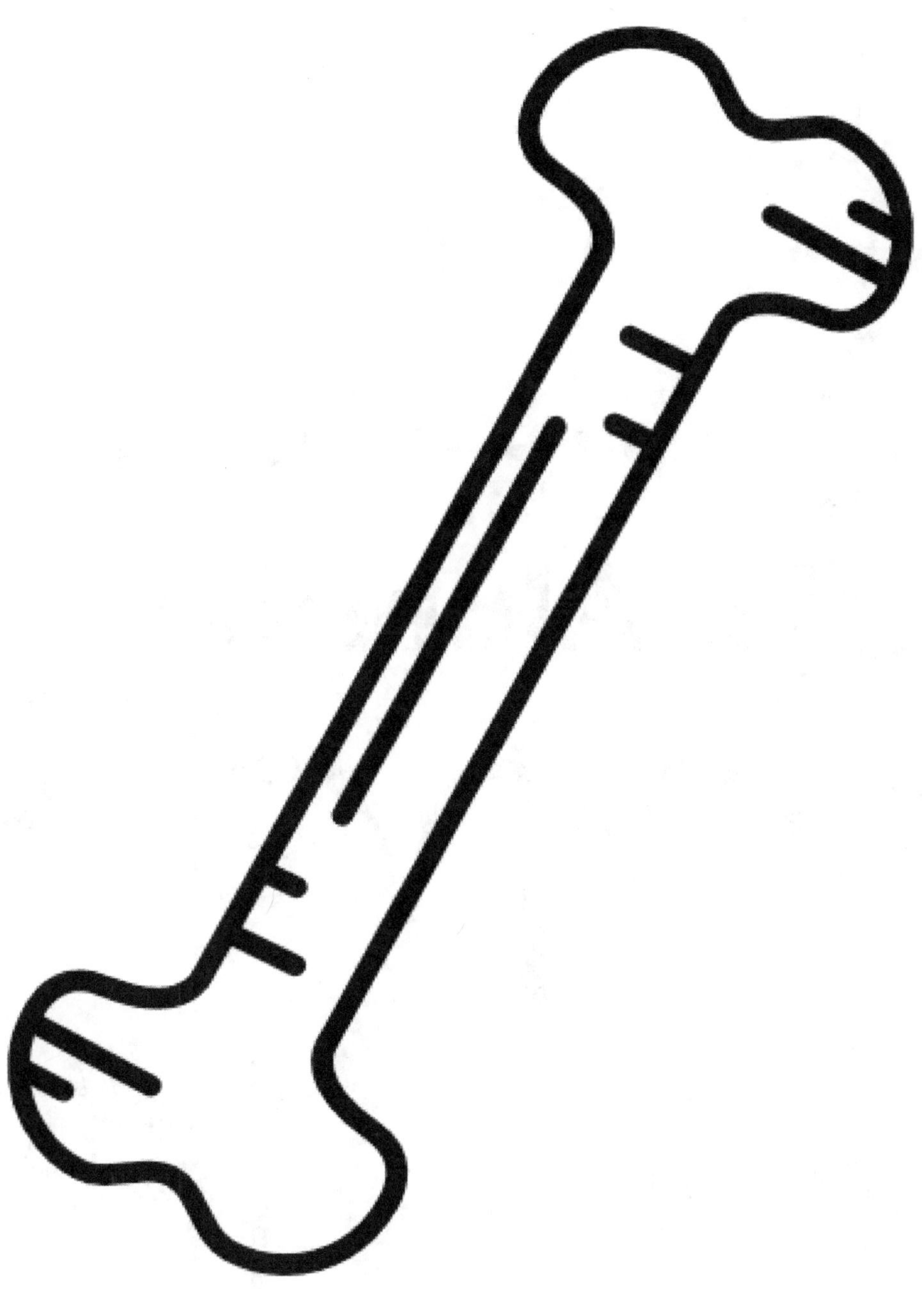

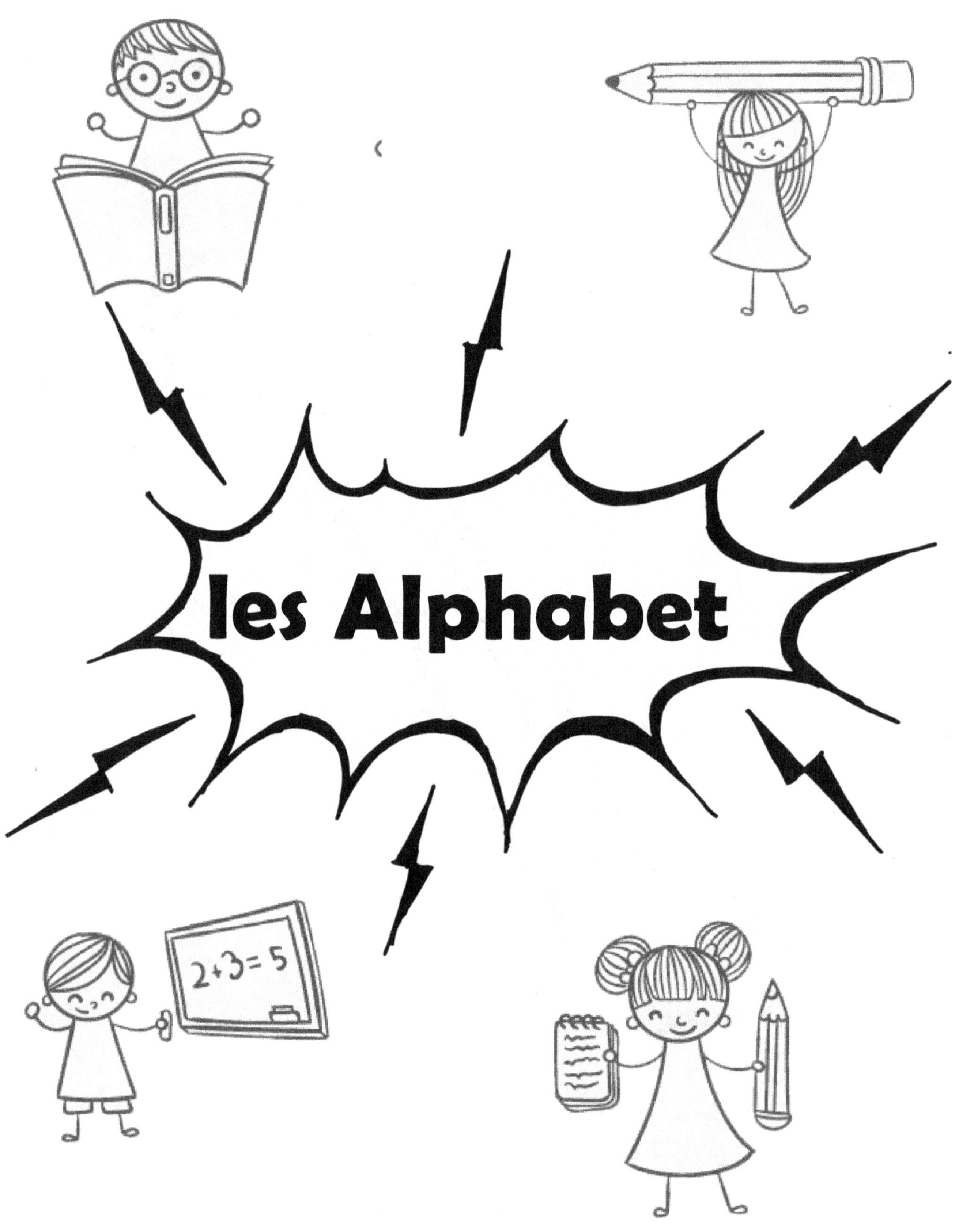
les Alphabet
2+3=5

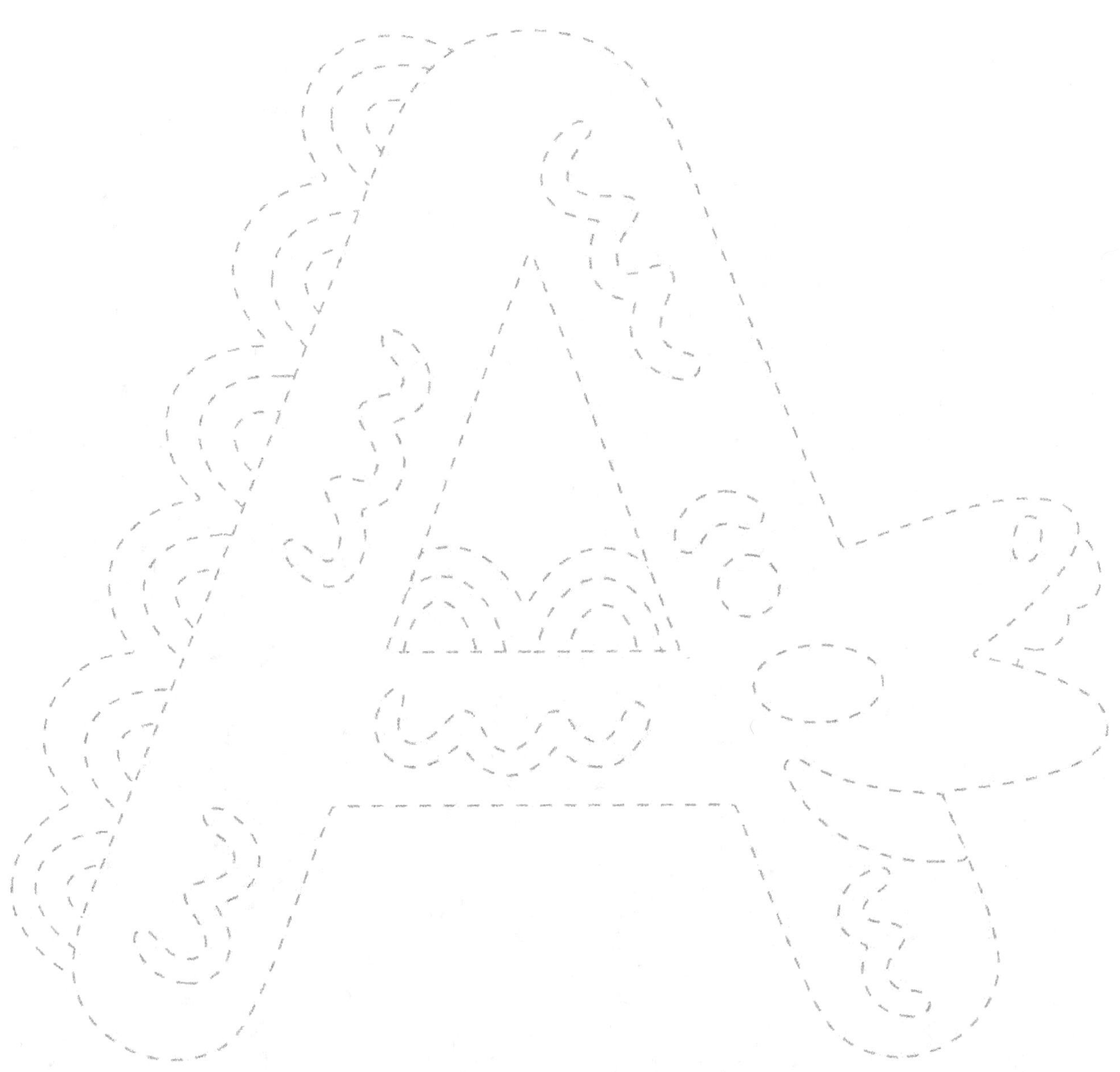

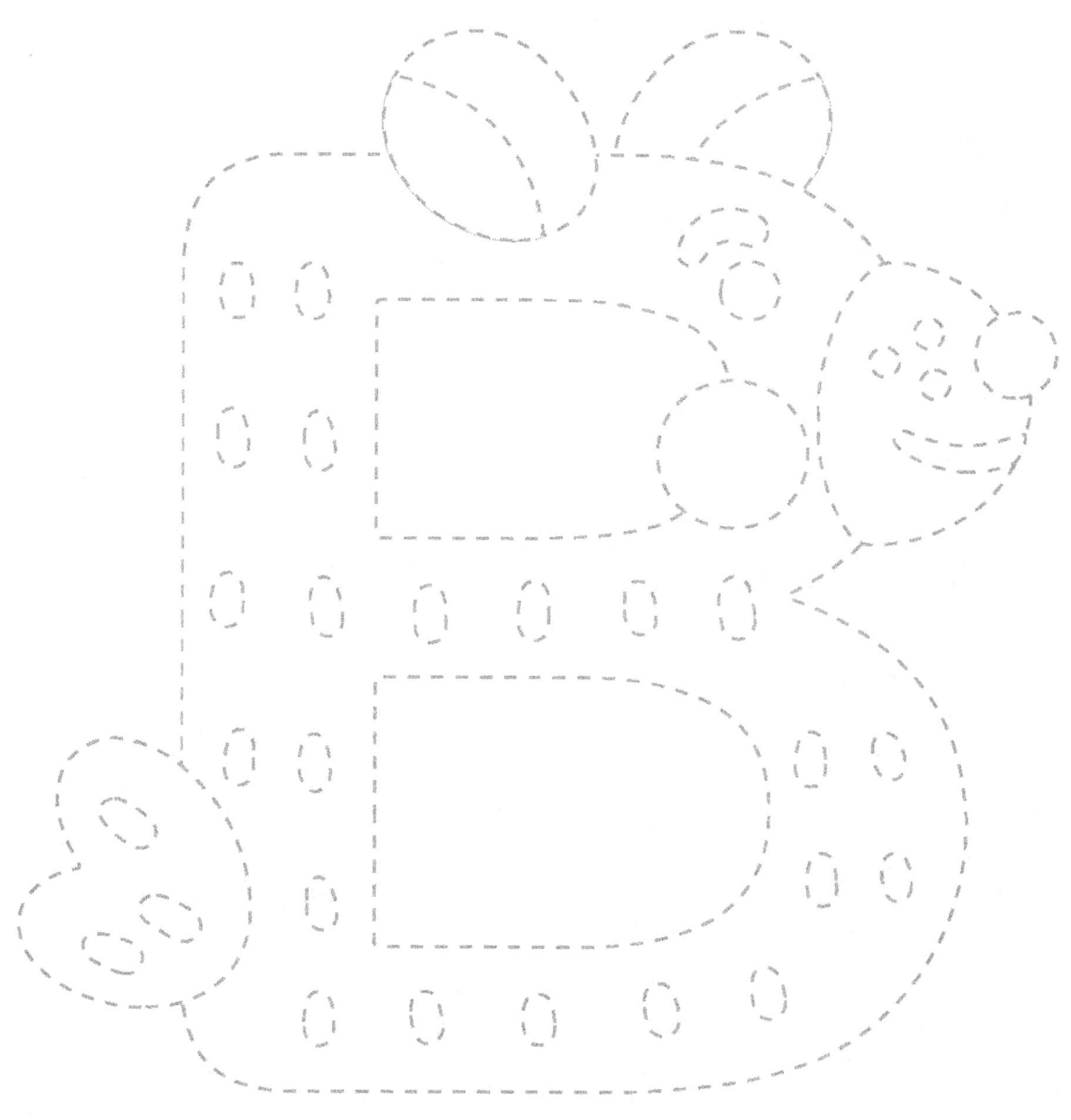

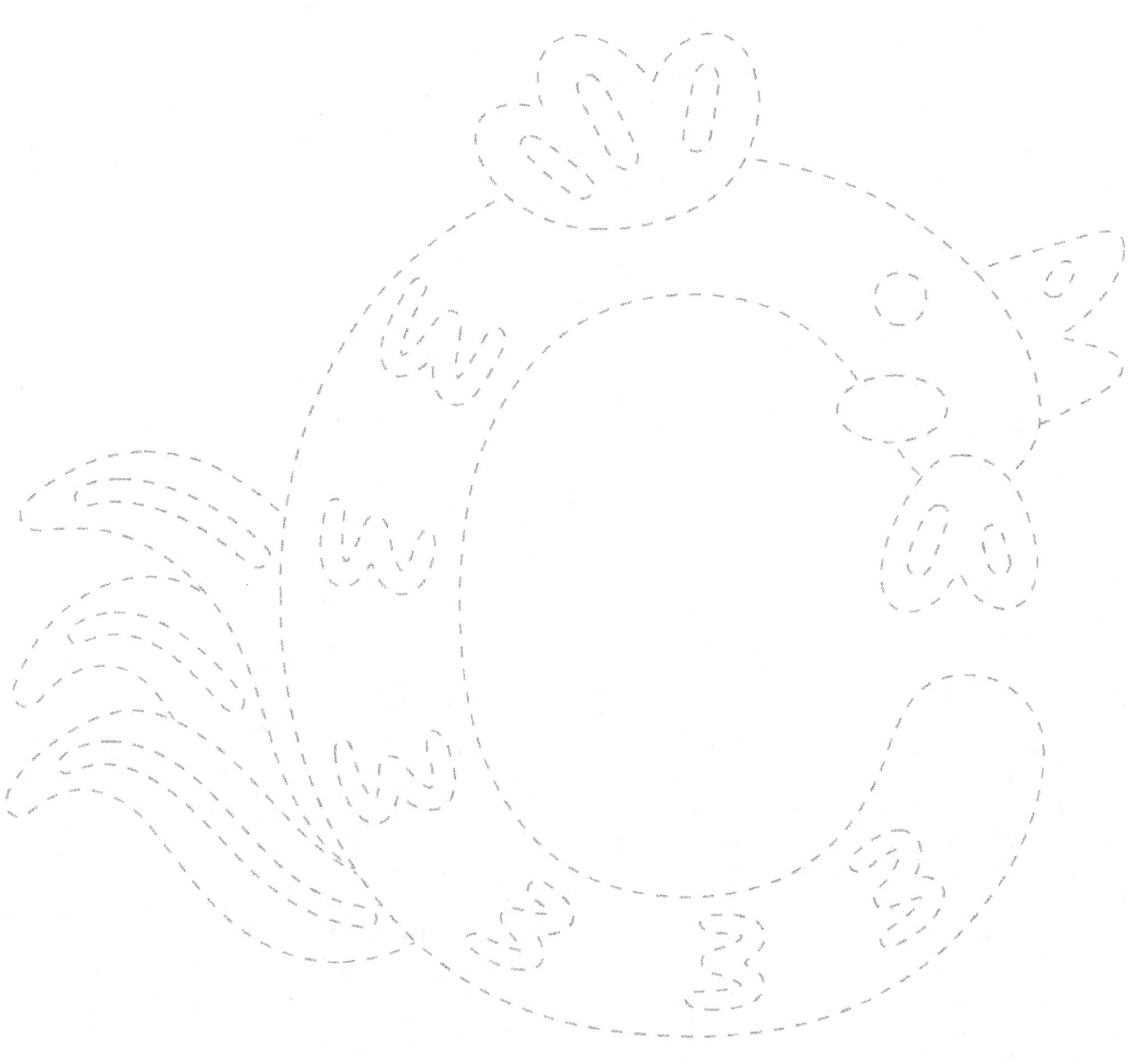

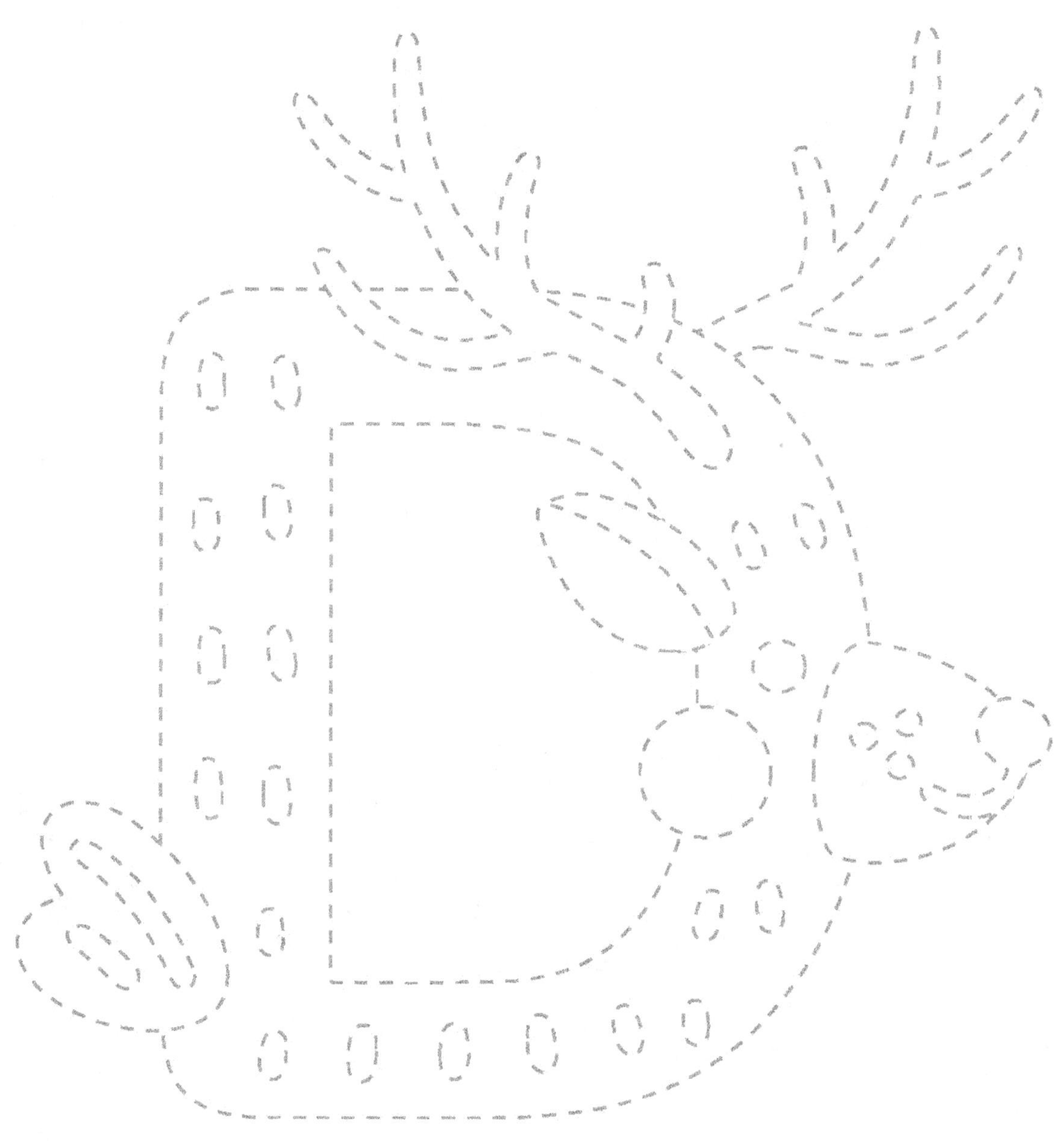

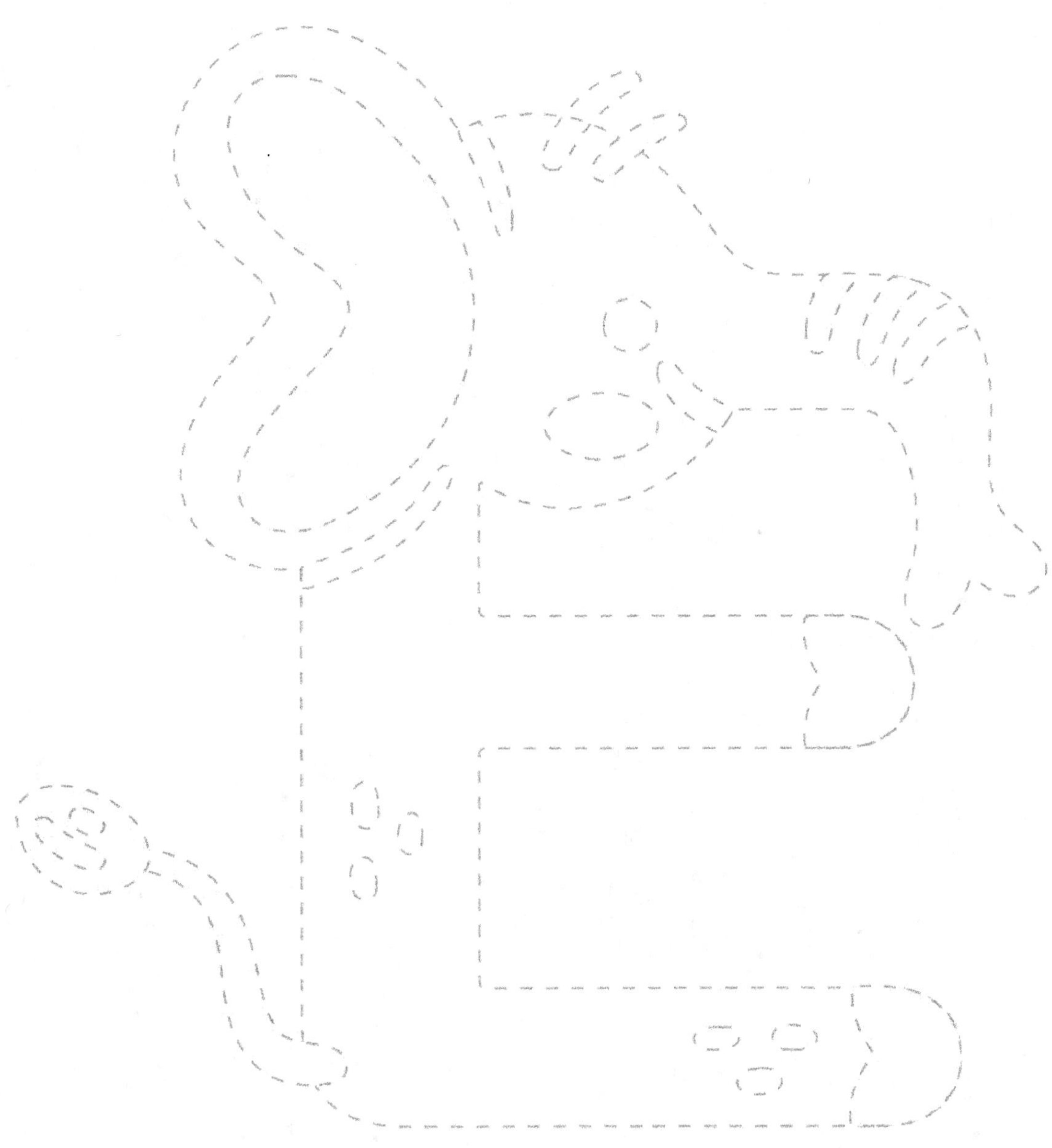

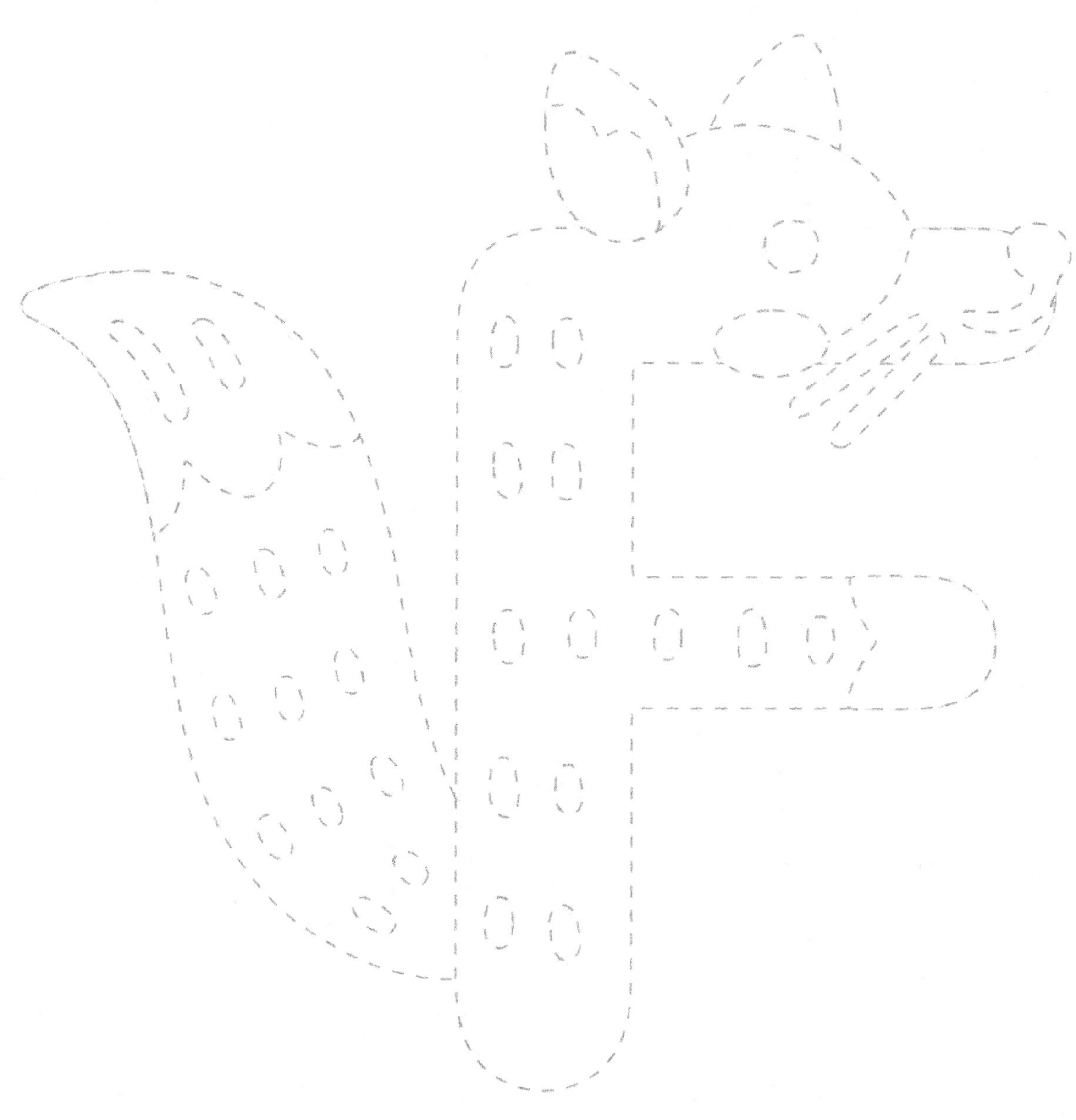

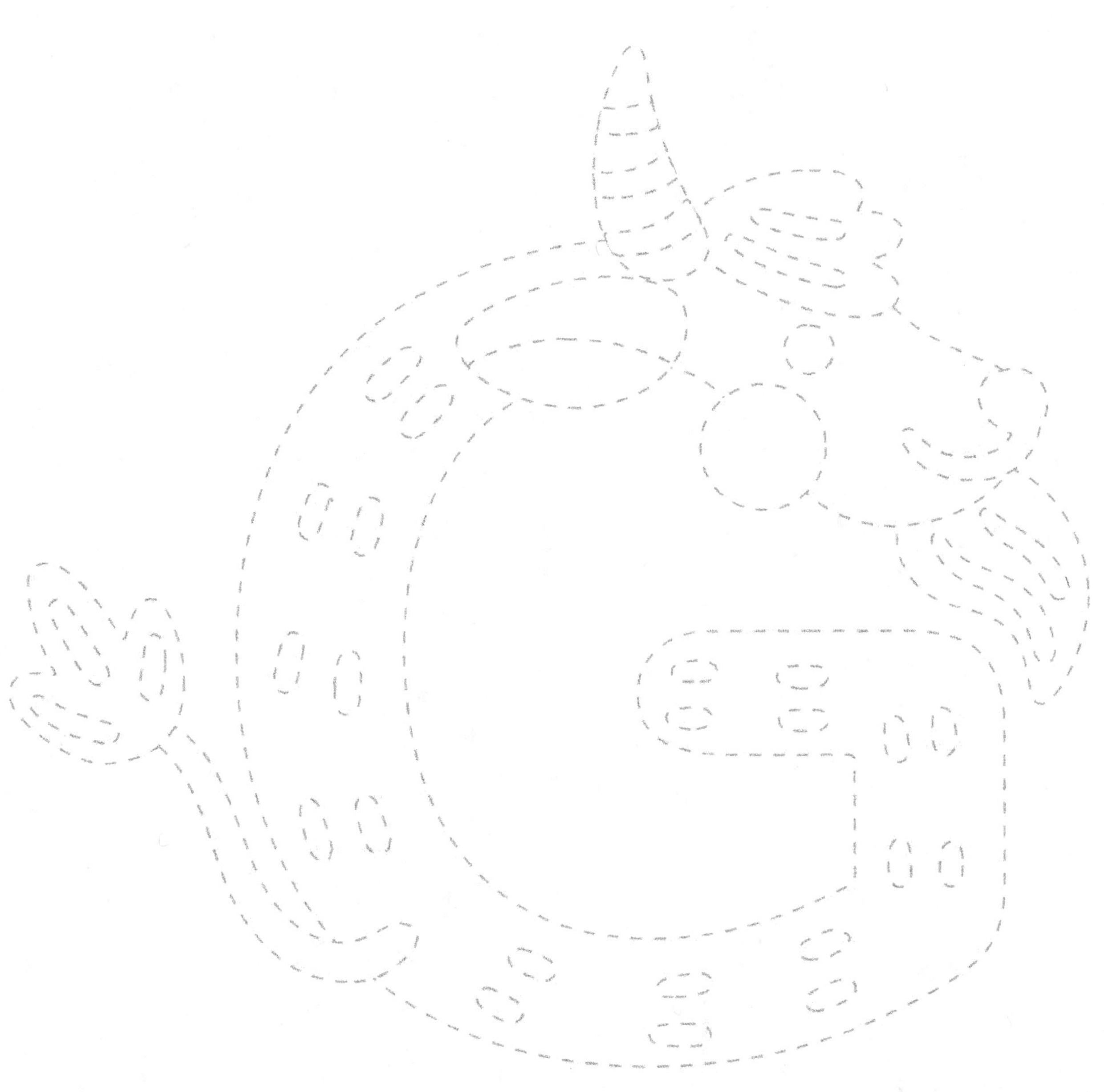

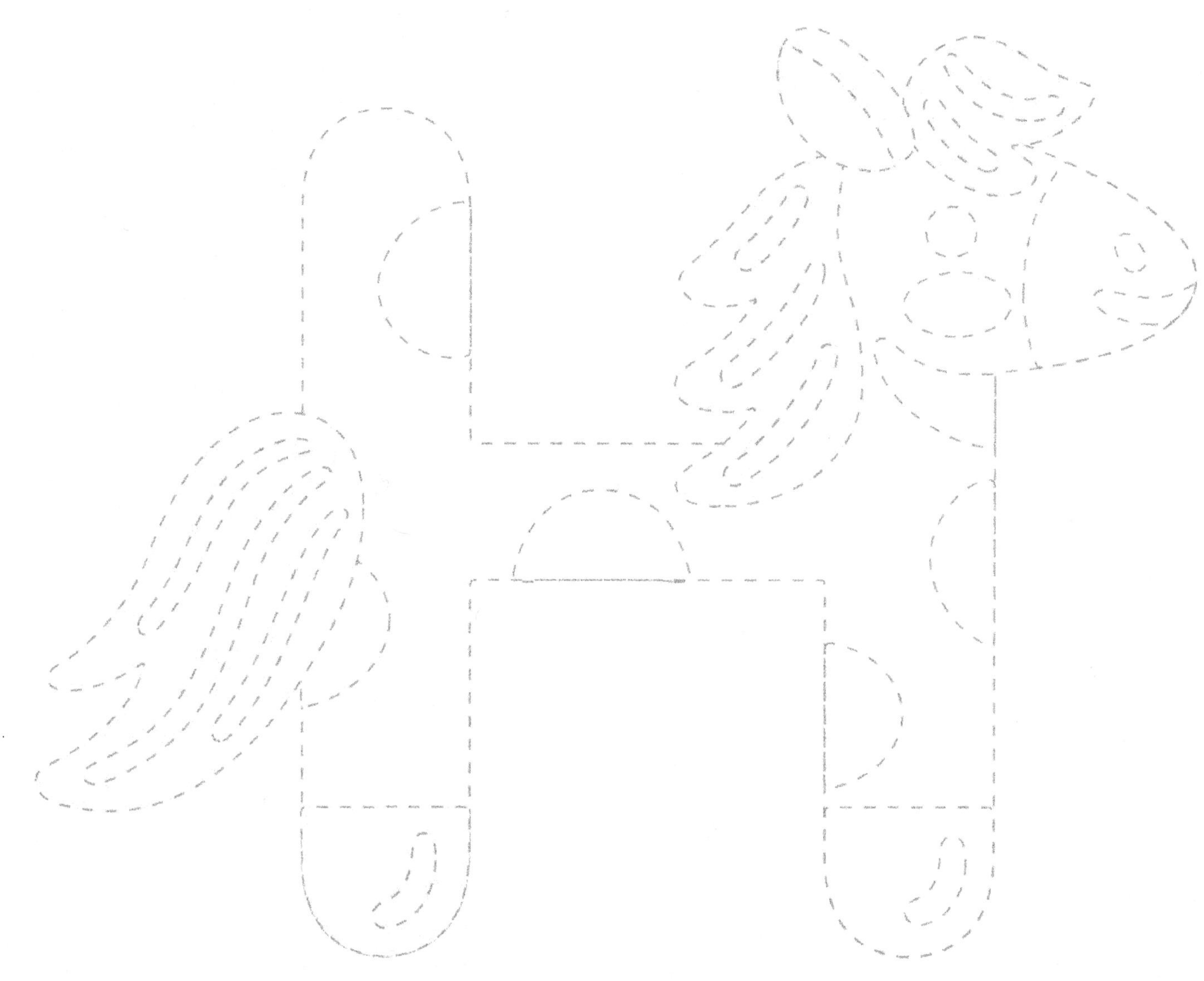

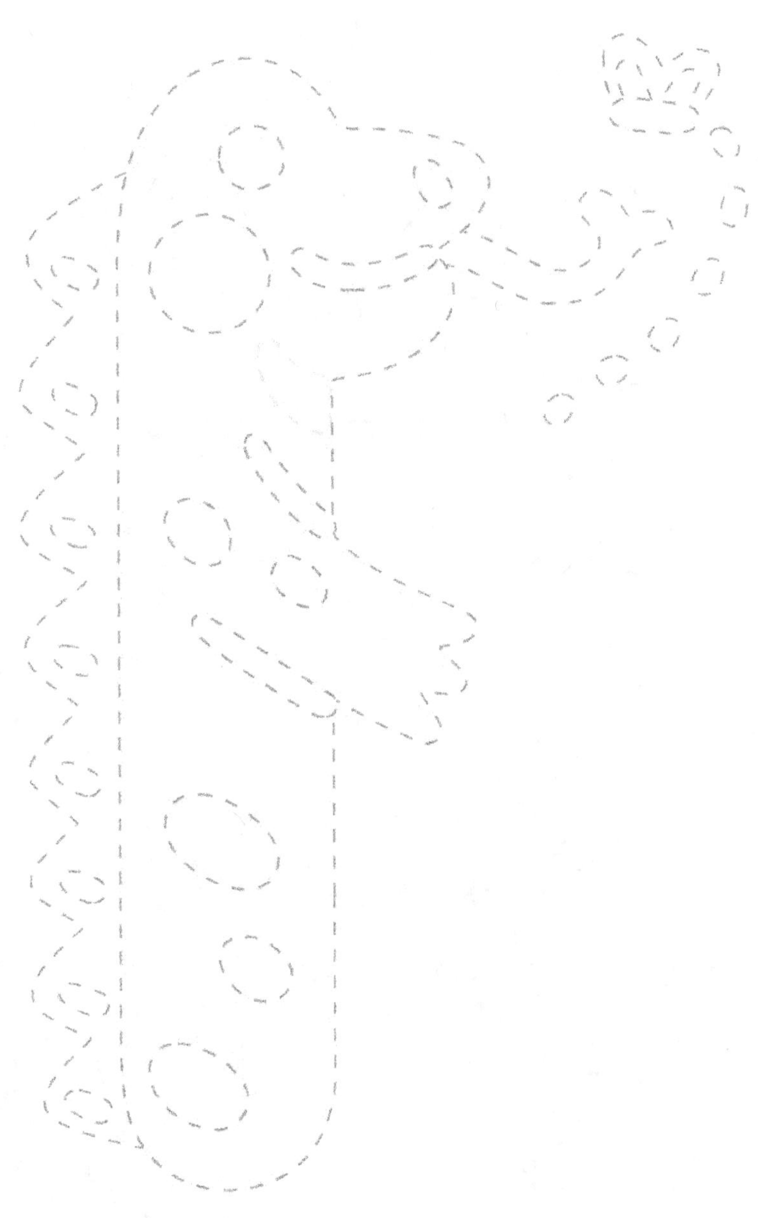

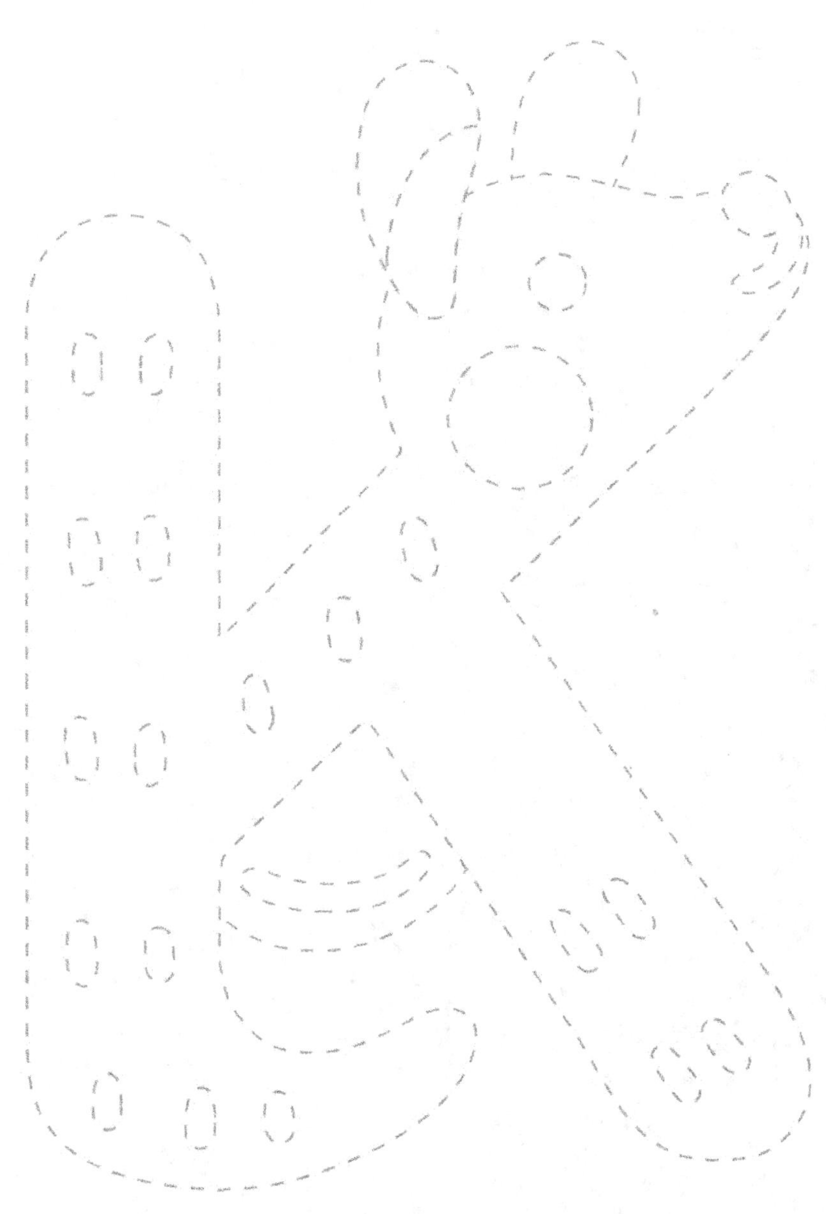

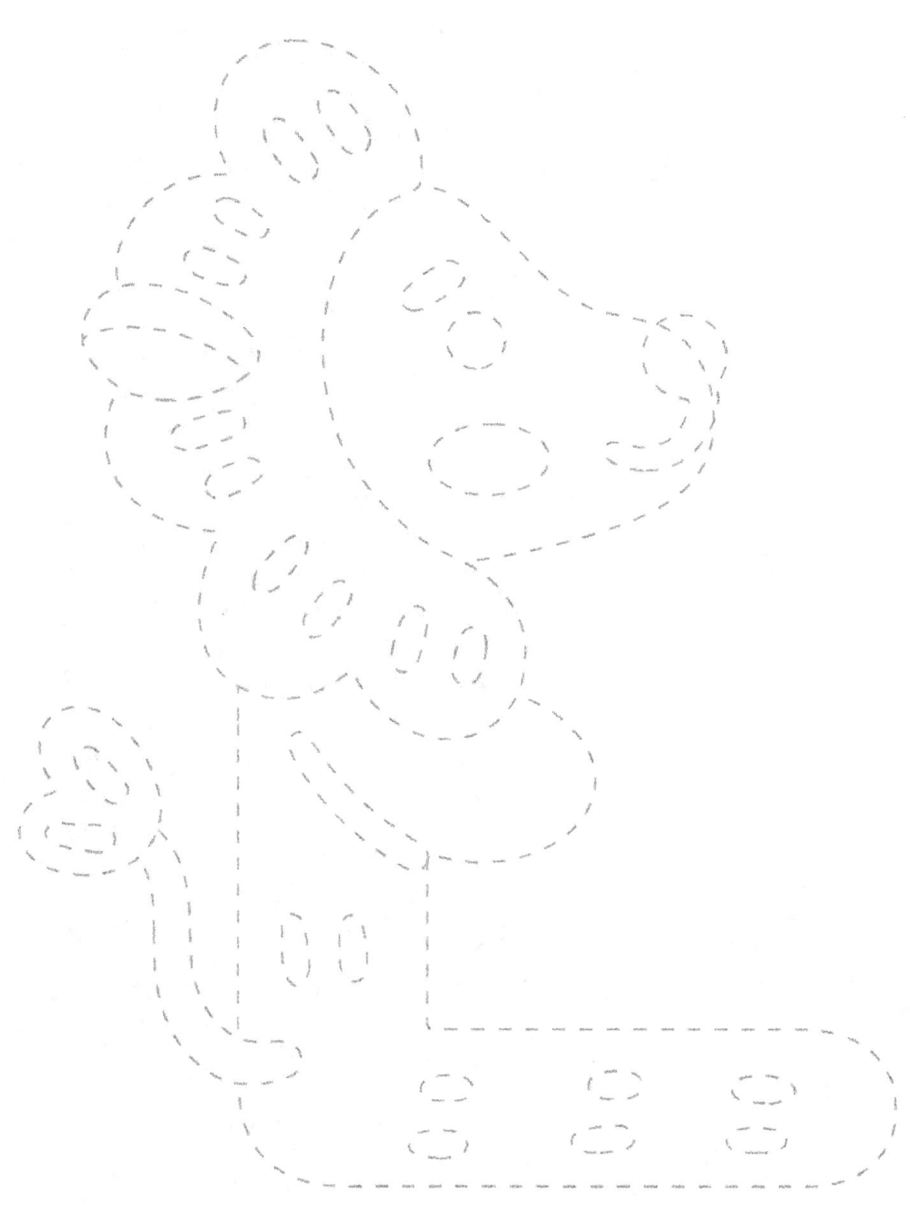

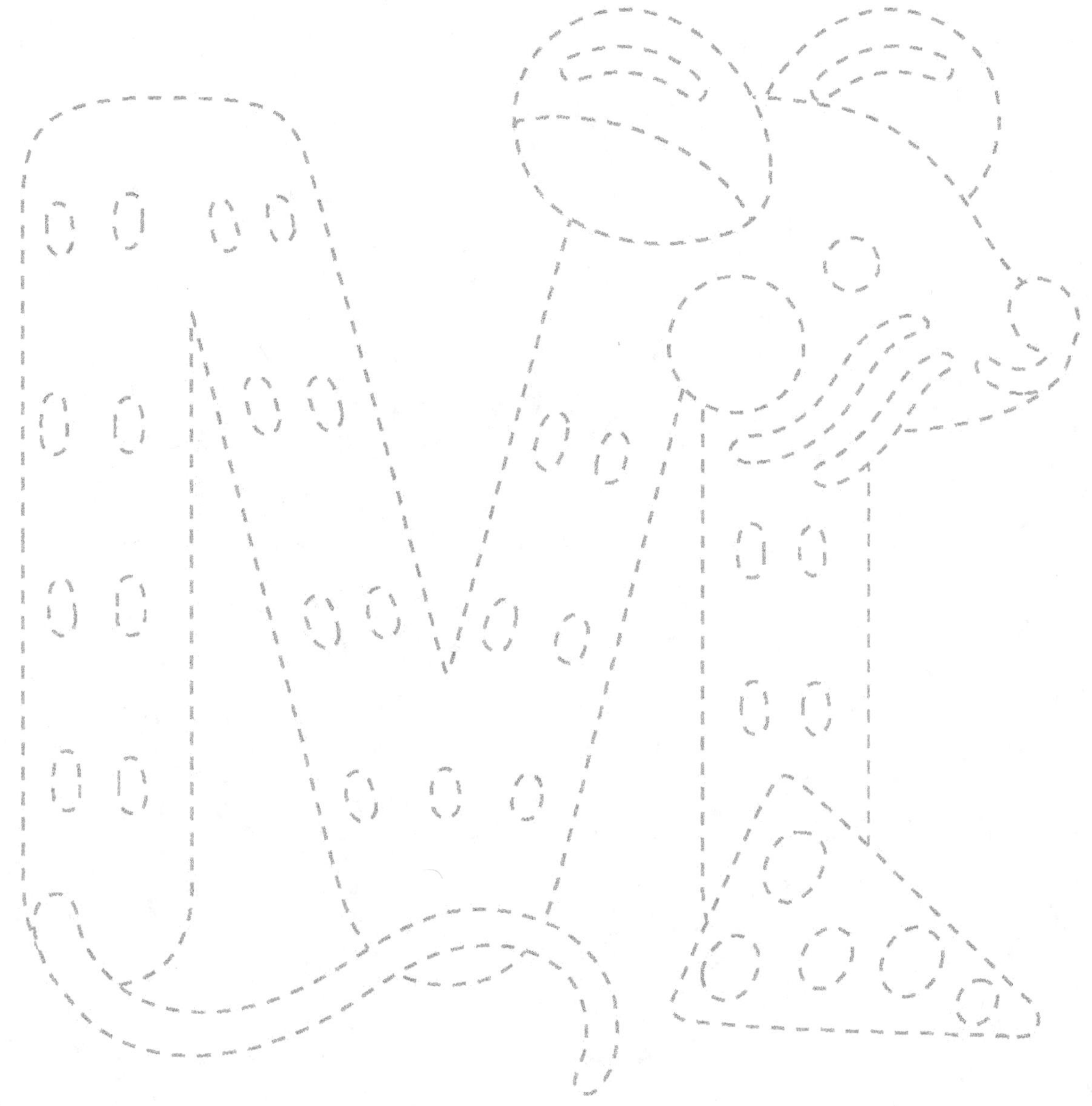

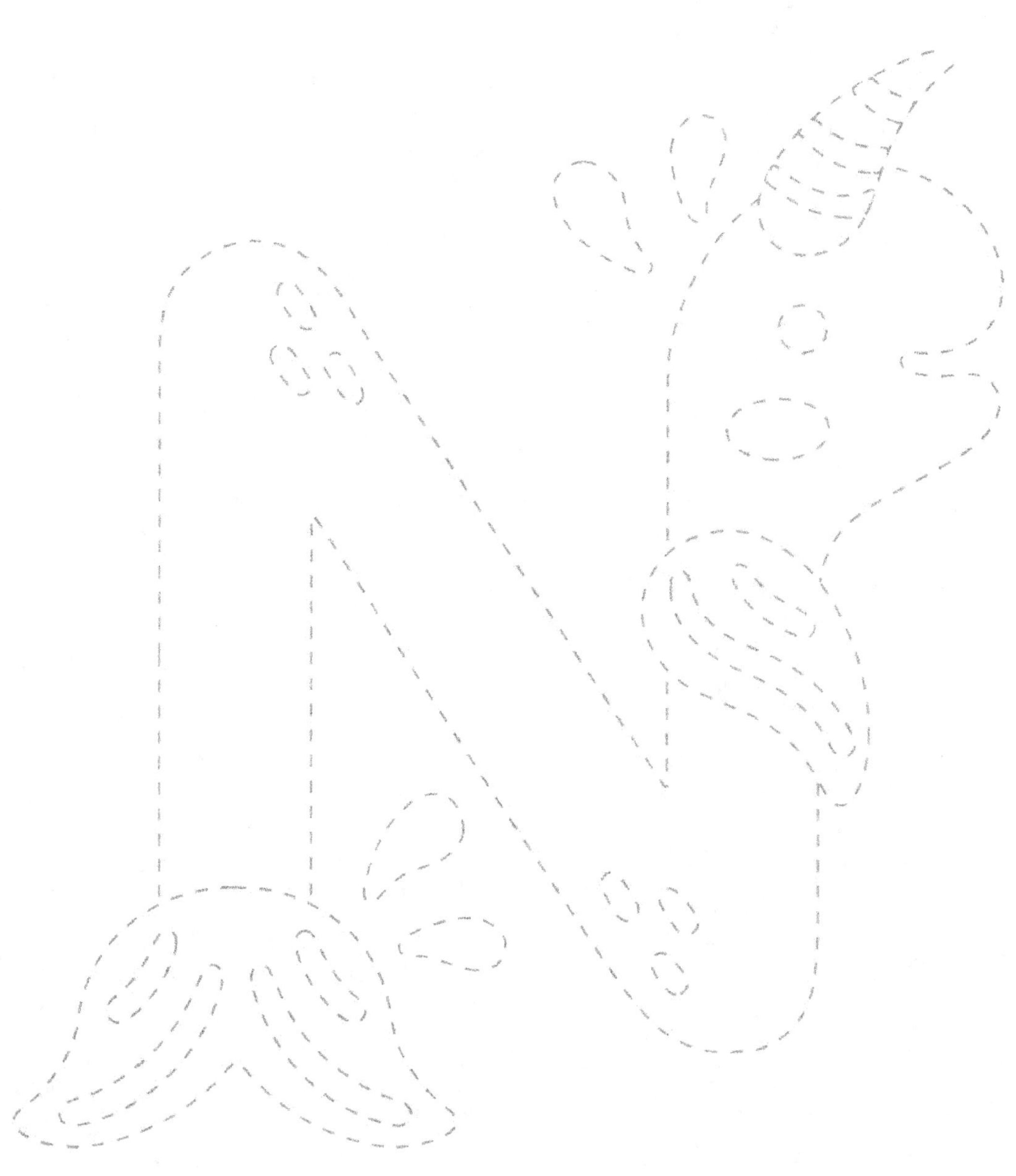

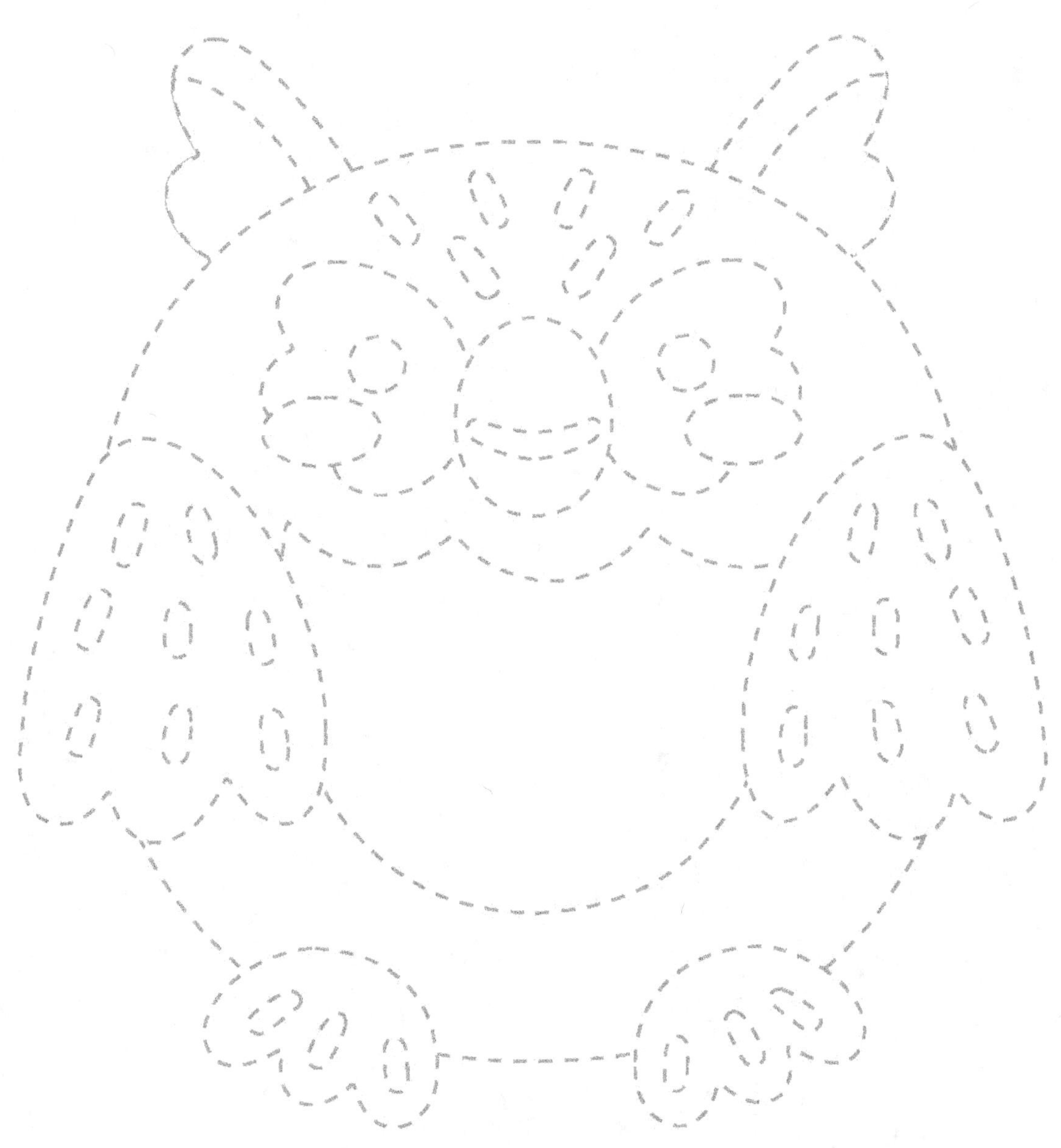

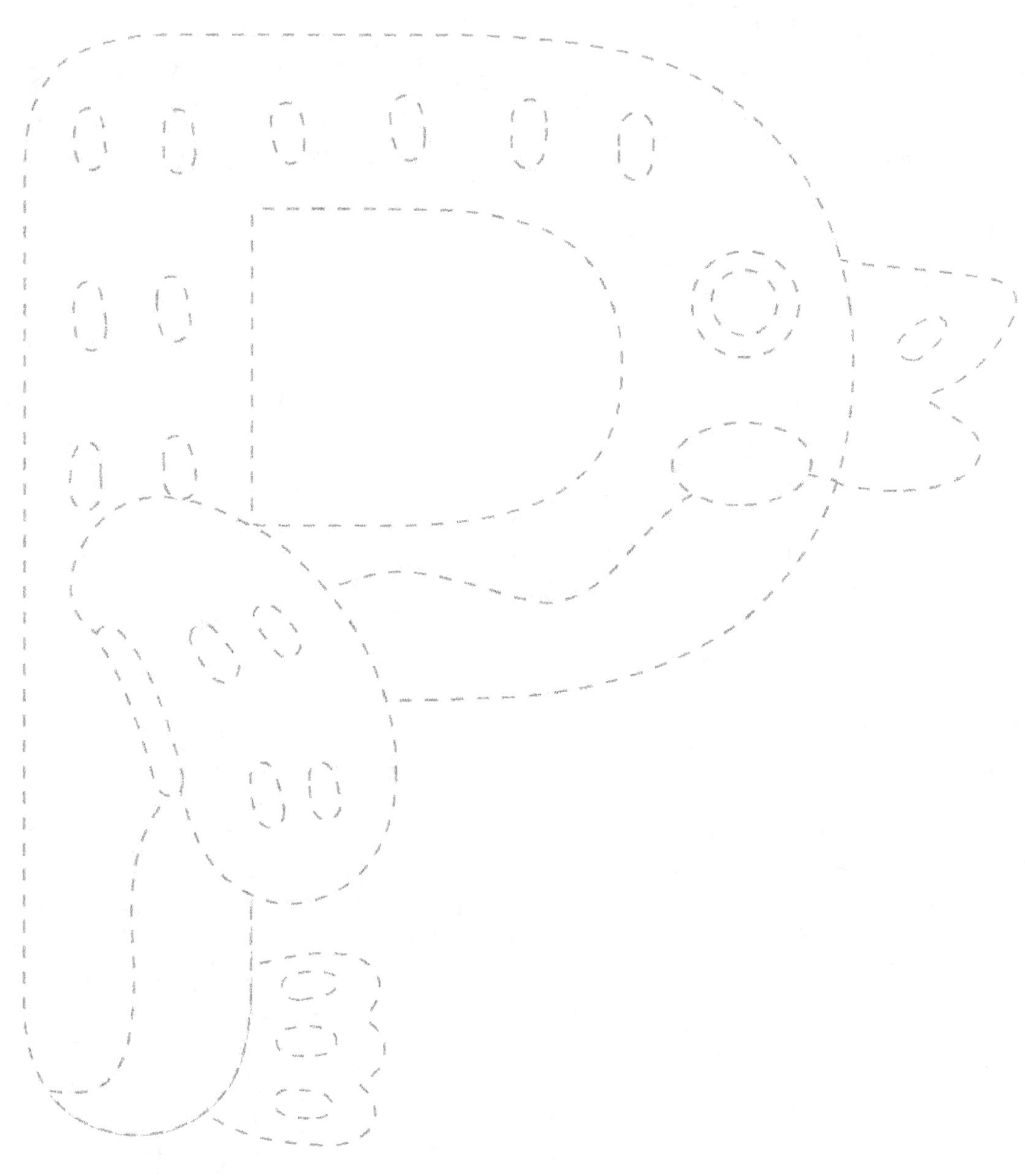

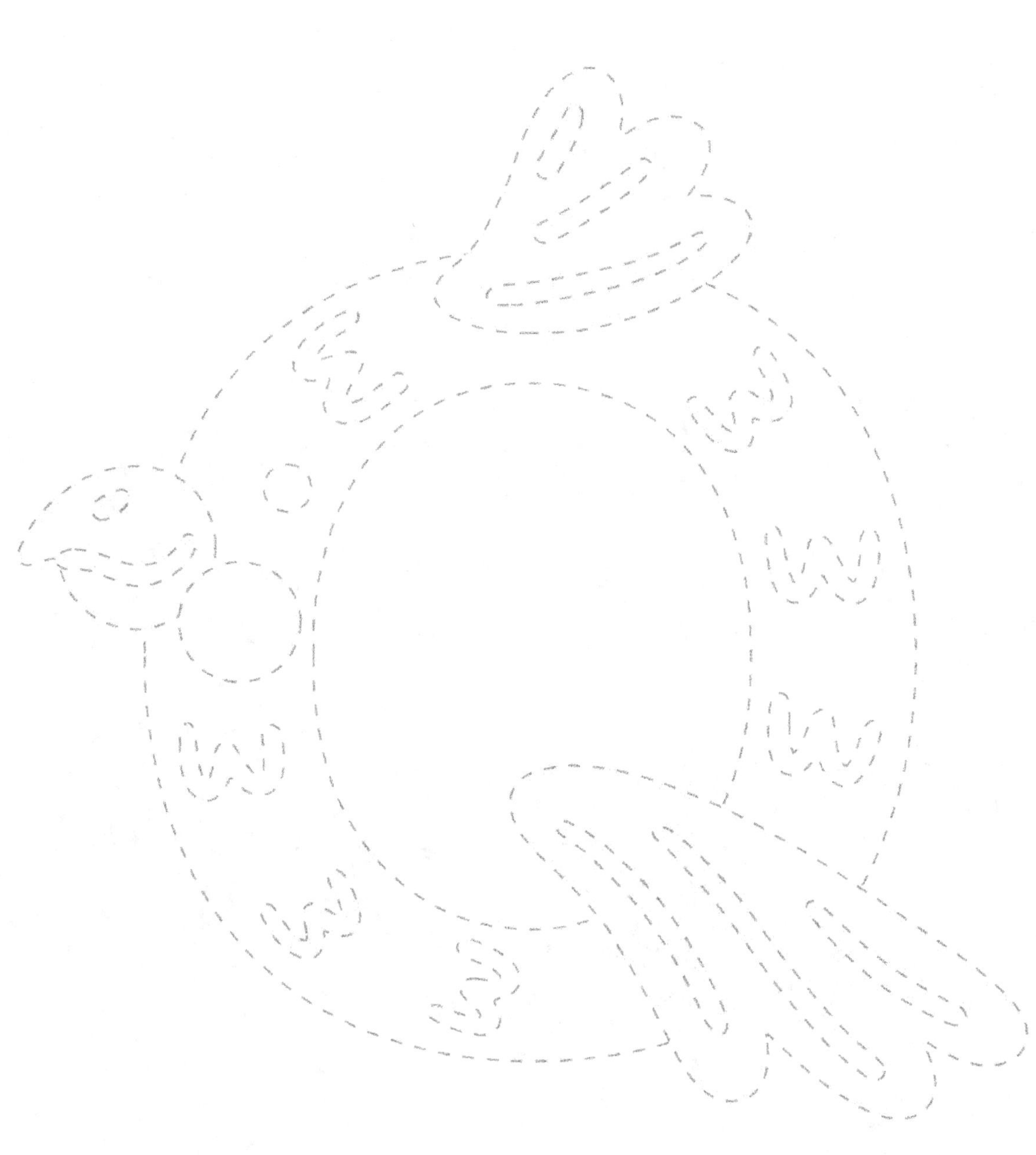

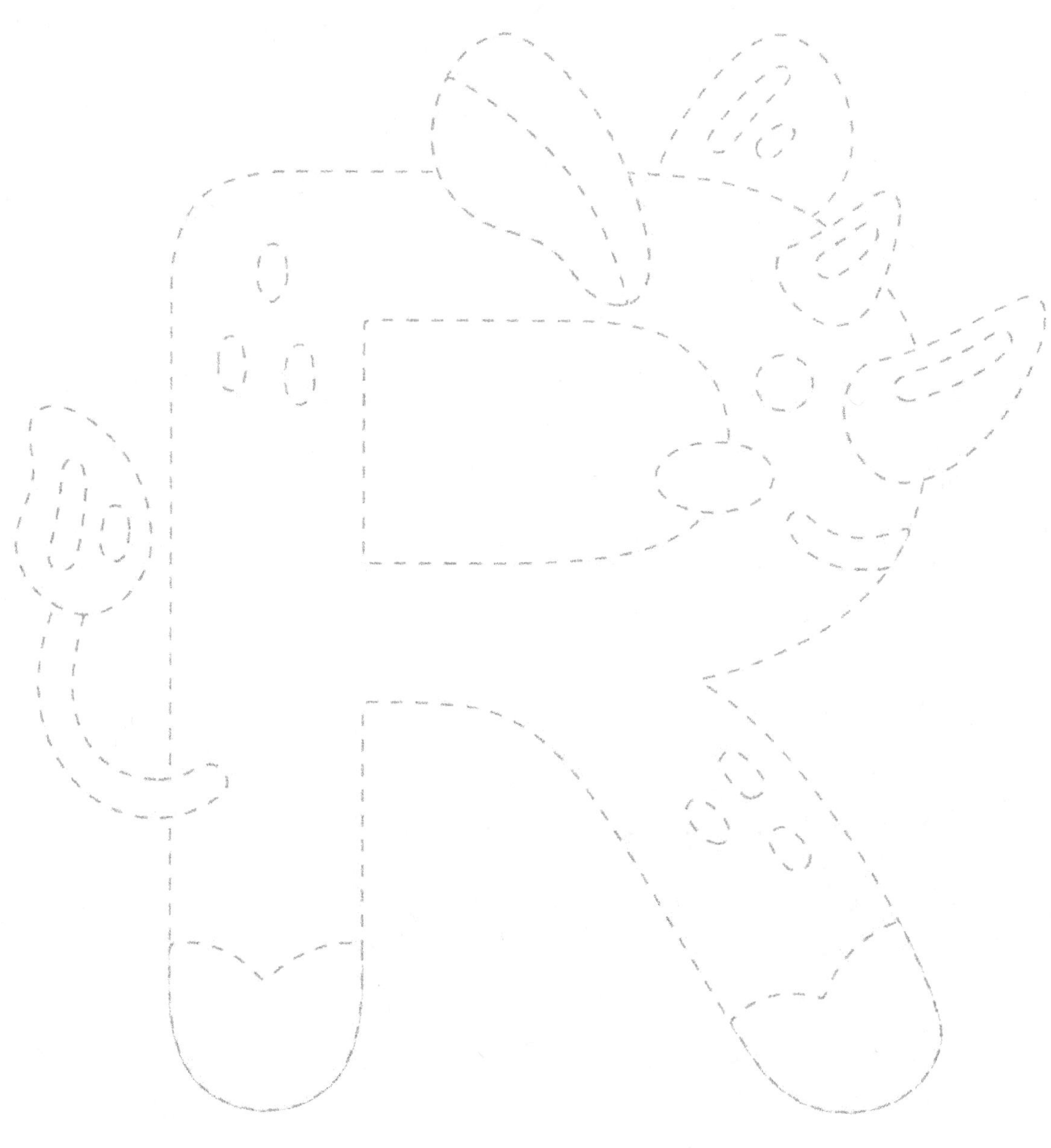

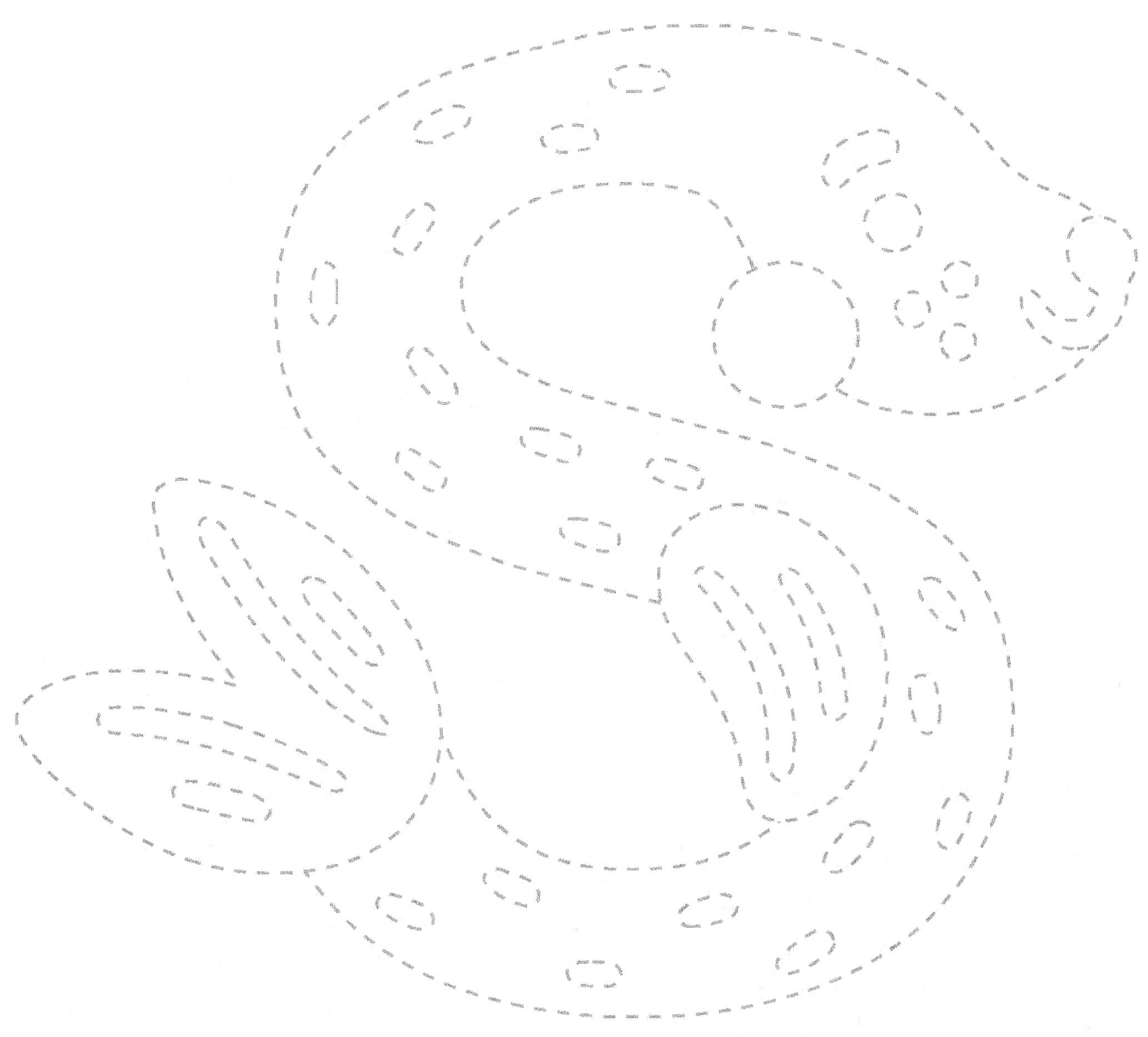

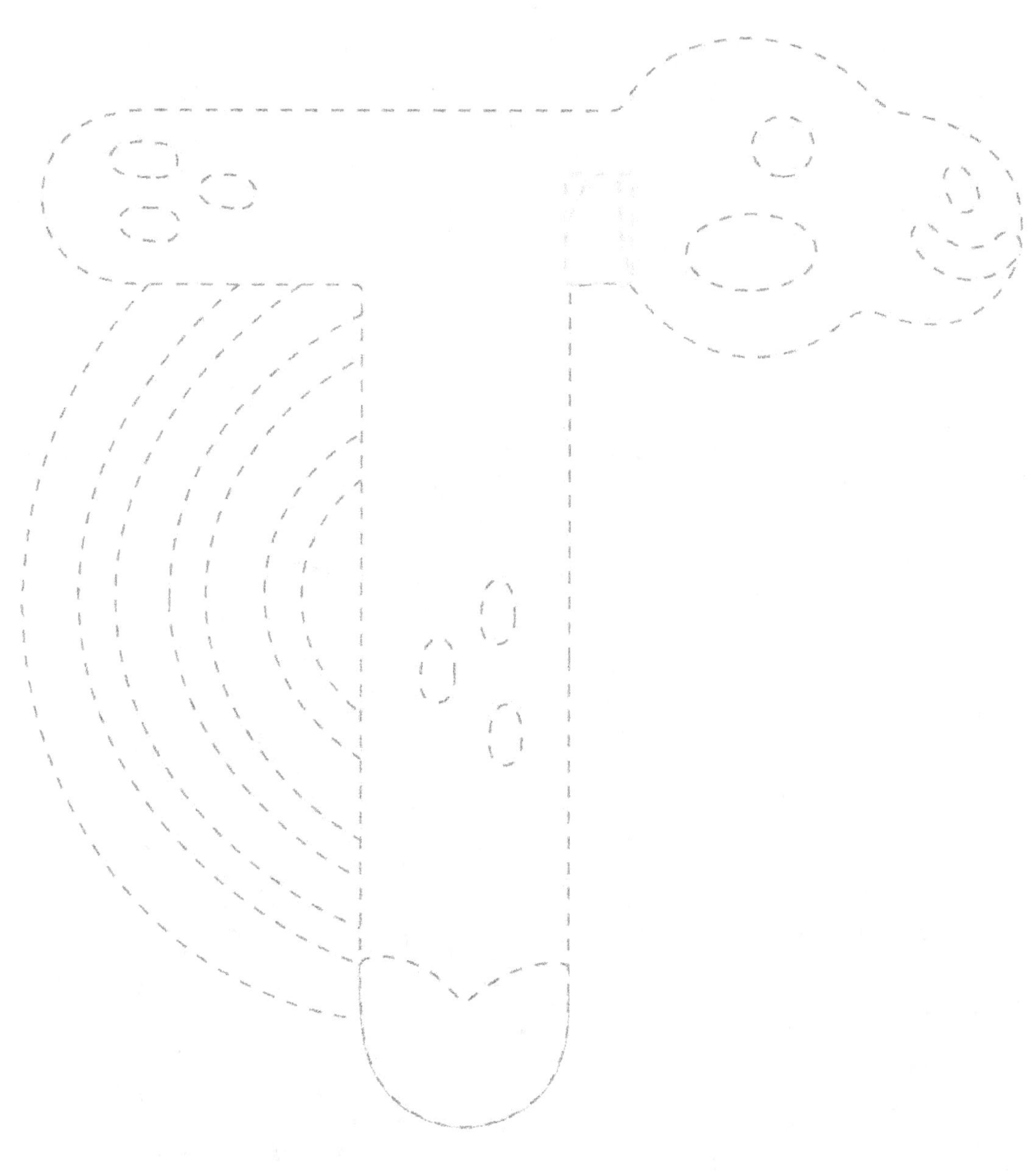

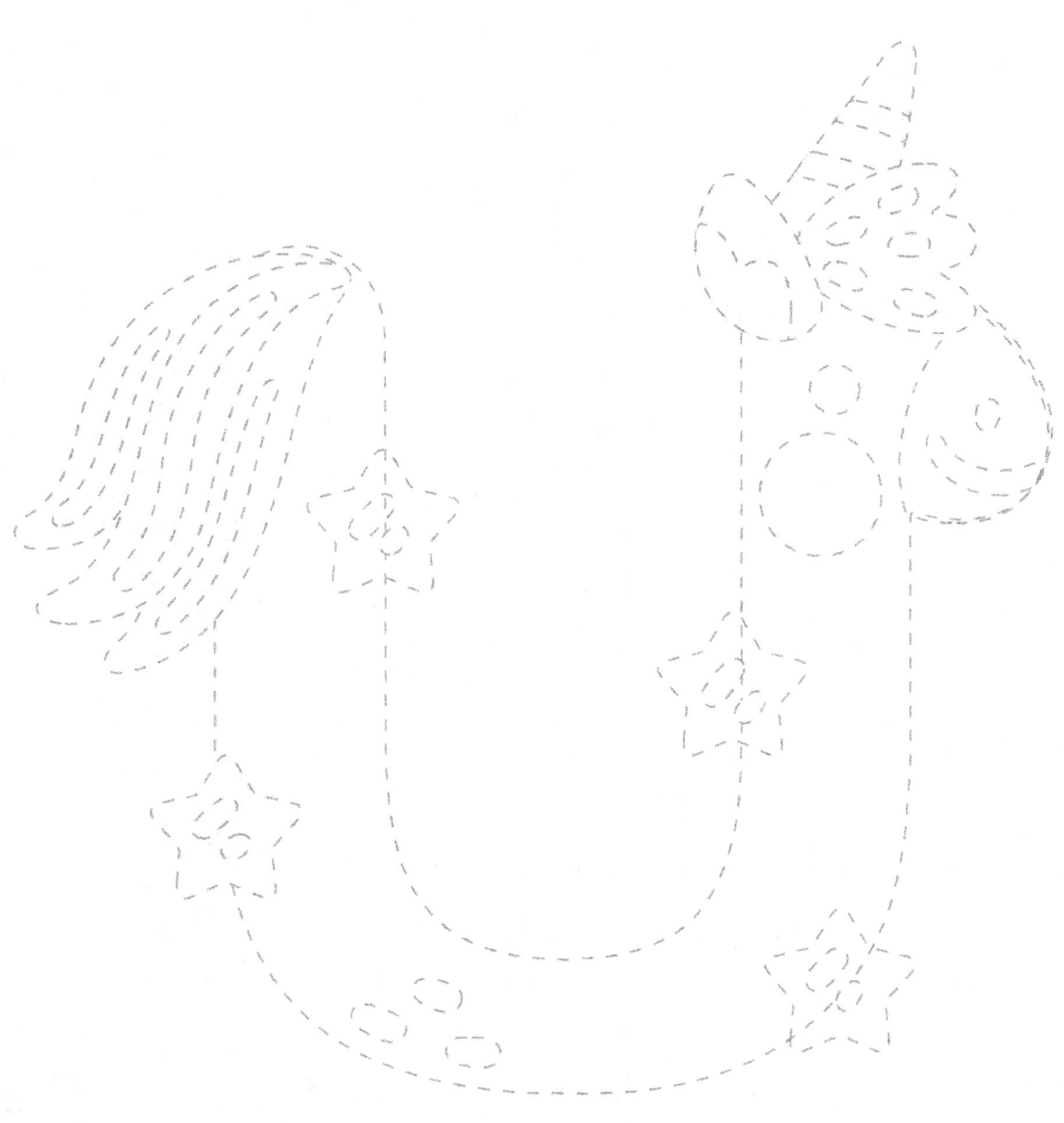

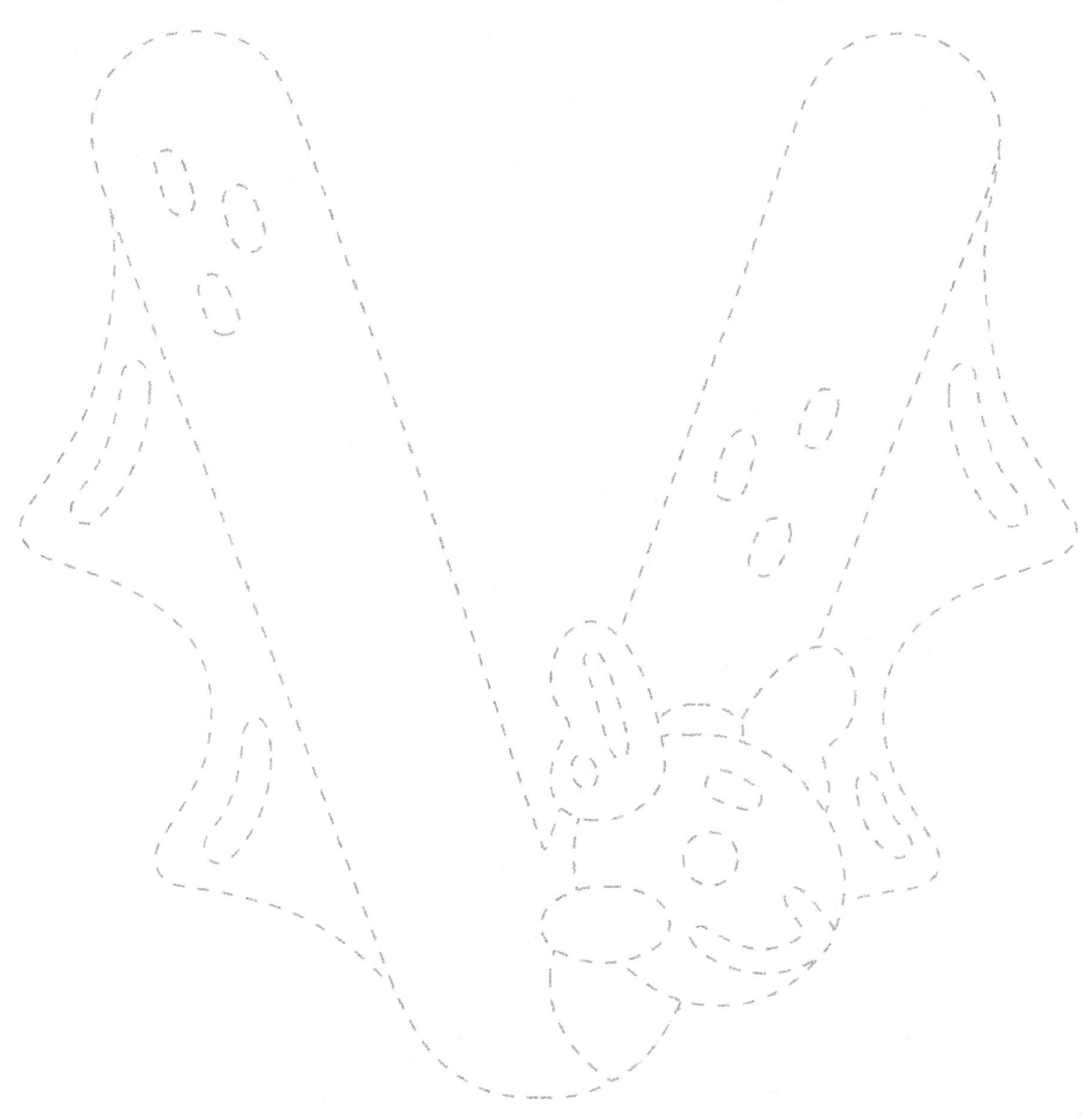

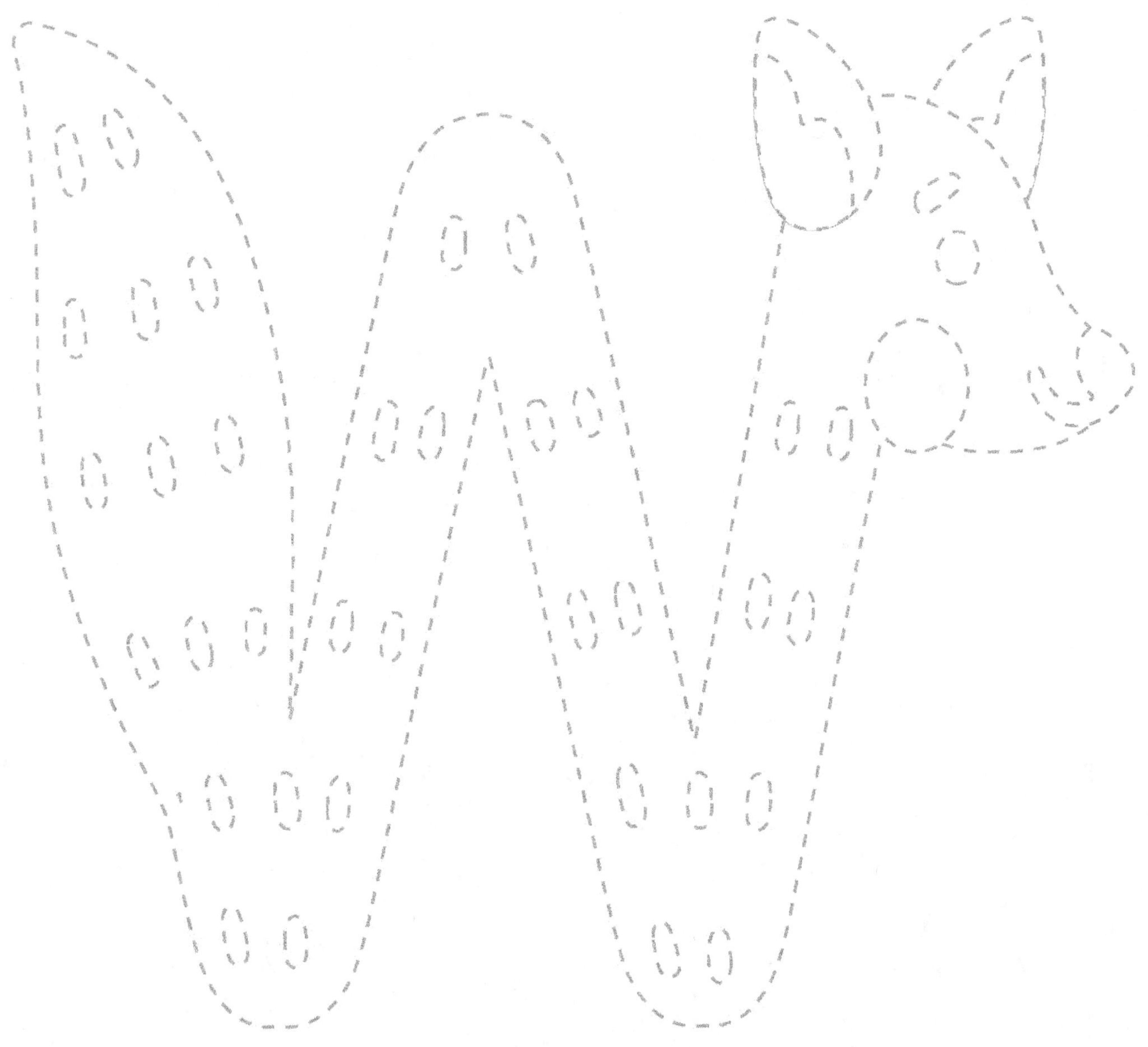

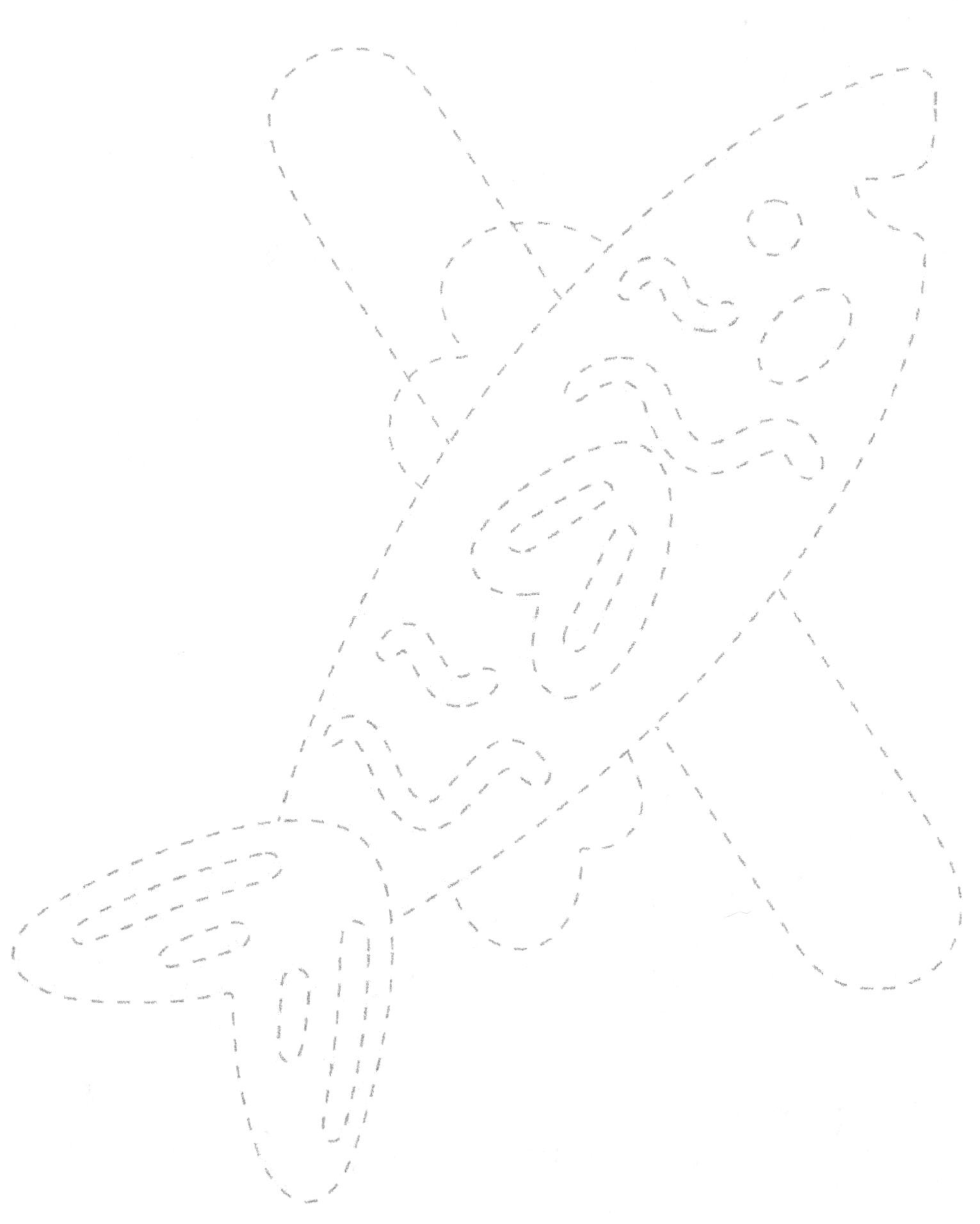

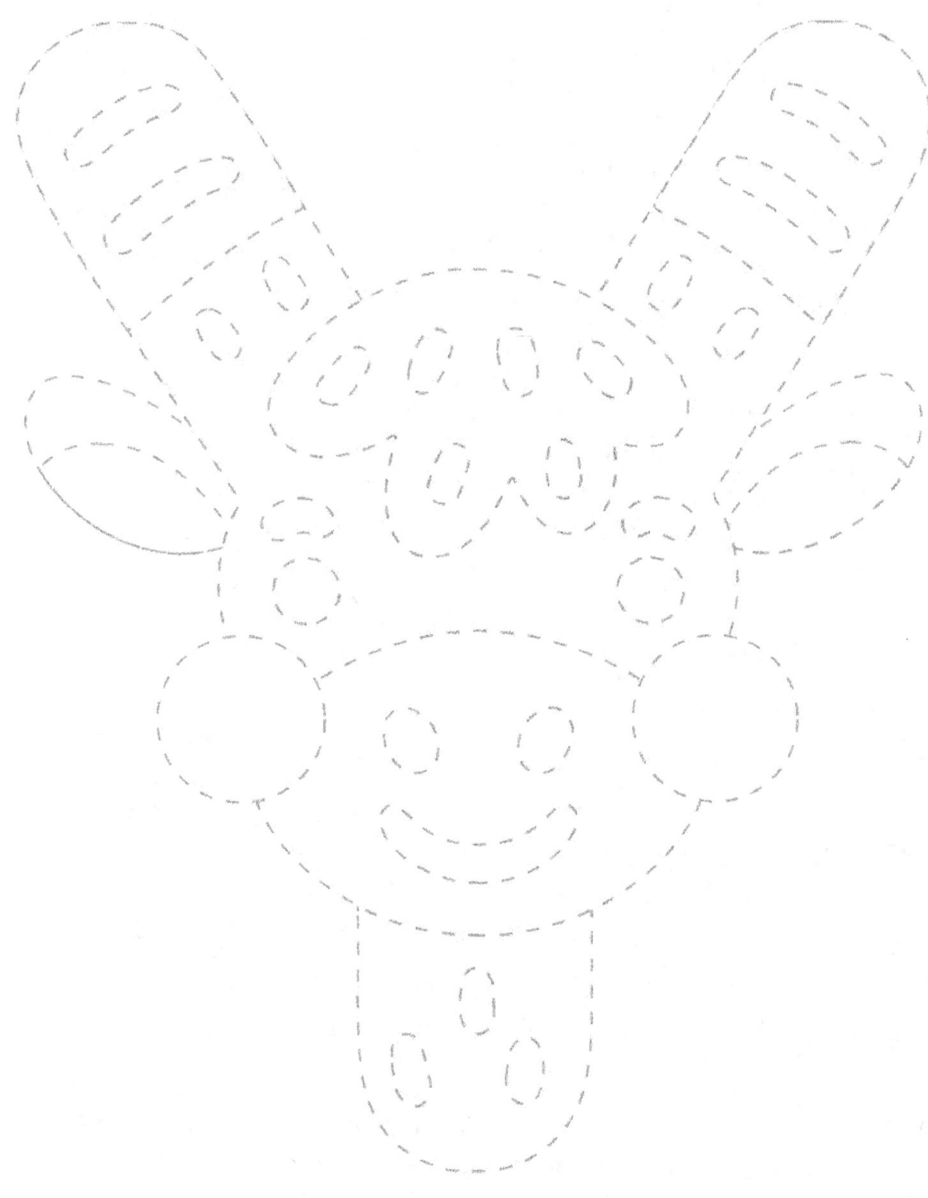

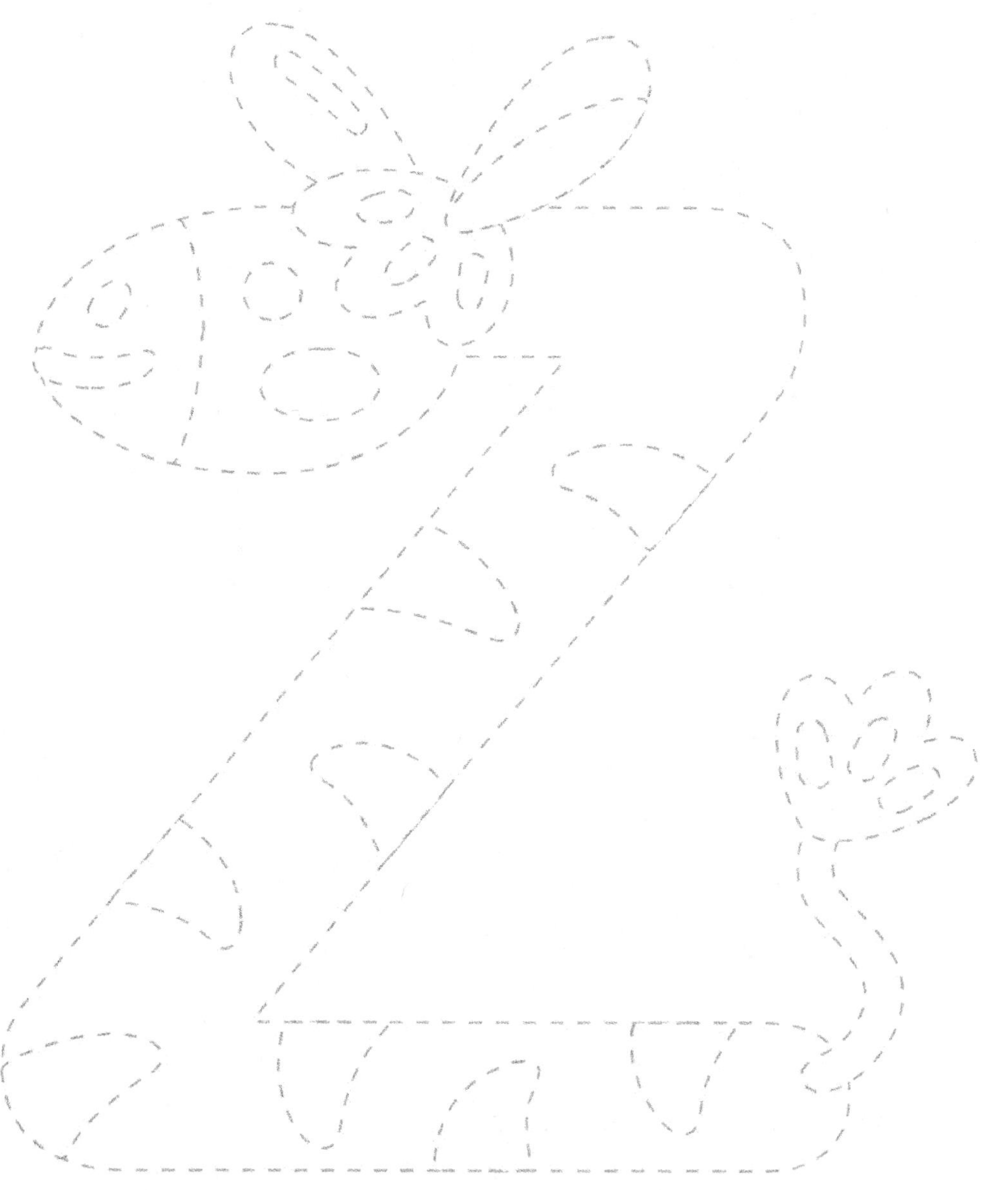

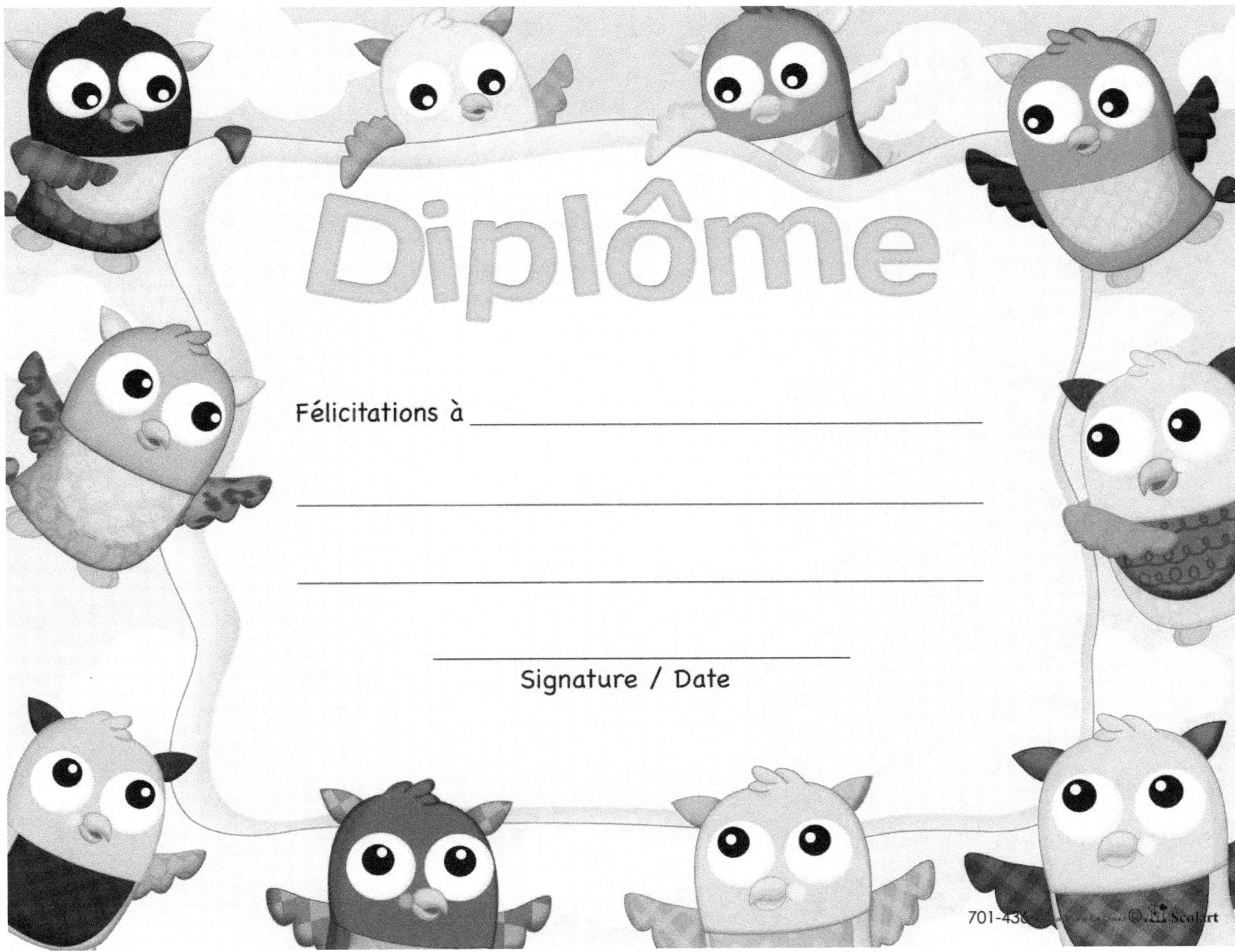

Diplôme
Félicitations à
Signature / Date
701-436
Scolart